Chers lecteurs,

C'est avec une immense joie que je vous présente ce dictionnaire, conçu pour ceux qui aspirent à vivre selon les accords toltèques. Ce précieux compagnon vous guidera dans un voyage fascinant à travers des mots et des conseils, vous aidant à harmoniser votre vie.

Les accords toltèques ouvrent les portes d'une vie saine et apaisée, vous permettant de percevoir les subtilités de l'existence, de ressentir les émotions avec une profondeur inouïe et de tisser des liens profonds avec le monde qui nous entoure.

Dans les pages qui suivent, vous trouverez une multitude de mots soigneusement choisis, chacun accompagné d'une définition qui cherche à capturer toute sa richesse sémantique. Chaque mot est également enrichi d'un conseil, conçu pour vous aider à vivre en harmonie avec les accords toltèques.

Ce dictionnaire est bien plus qu'un simple recueil de mots et de définitions. C'est un allié précieux qui vous soutiendra dans votre quête intérieure. Il vous rappellera que les accords toltèques sont des trésors, une force pour votre épanouissement personnel.

Laissez-vous porter par ce voyage. Explorez les mots qui résonnent en vous, assimilez les conseils et faites des accords toltèques les piliers de votre bien-être et de votre stabilité émotionnelle. Que ce dictionnaire devienne votre compagnon fidèle dans la quête du bonheur et de l'accomplissement personnel, vous guidant avec bienveillance.

À travers ces pages, je vous invite à embrasser une vision du monde empreinte de sensibilité, à vous connecter à votre moi profond et à vivre une vie riche et épanouissante, en accord avec la personne extraordinaire que vous êtes.

Avec toute ma bienveillance,

Pablo Reyes

© 2024 Pablo Reyes
Édition : BoD - Books on Demand, info@bod.fr
Impression : BoD - Books on Demand, In de
Tarpen 42, Norderstedt (Allemagne)
Impression à la demande
ISBN : 978-2-3225-5431-7
Dépôt légal : Août 2024

Index

Acceptation

Définition :
L'acceptation est l'acte de reconnaître et de recevoir sans jugement ce qui est présent dans notre vie. Cela implique d'accueillir les événements, les personnes et les circonstances avec ouverture, en se libérant de la résistance intérieure et en abandonnant le besoin de tout contrôler. L'acceptation permet de vivre en paix avec ce qui est, sans chercher à changer ou à rejeter ce qui ne peut être modifié.

Conseil toltèque :
Selon les accords toltèques, vous devriez toujours faire de votre mieux pour pratiquer l'acceptation en étant impeccable avec vos mots, en ne prenant rien personnellement, en ne faisant pas de suppositions et en faisant toujours de votre mieux. L'acceptation commence par l'usage impeccable des mots, en choisissant de parler de manière positive et en évitant les jugements destructeurs. En ne prenant rien personnellement, vous réalisez que ce qui se passe autour de vous ne vous définit pas et que les actions des autres ne sont pas dirigées contre vous. En ne faisant pas de suppositions, vous permettez à la réalité d'être telle qu'elle est, sans l'altérer par des attentes ou des croyances infondées. Enfin, en faisant toujours de votre mieux, vous acceptez vos propres limites et imperfections, sachant que l'effort sincère est plus important que la perfection. Cette approche vous aidera à accueillir la vie avec sérénité et à créer des relations plus harmonieuses et authentiques.

Accomplissement personnel

Définition :
L'accomplissement personnel est l'état de satisfaction et de réalisation que l'on ressent lorsque l'on atteint ses objectifs et aspirations personnels. C'est le processus par lequel une personne se développe, apprend, et grandit en utilisant ses talents, en surmontant des obstacles et en vivant en accord avec ses valeurs profondes. L'accomplissement personnel implique un sentiment de plénitude et de contentement qui vient de l'intérieur.
Conseil toltèque :

Selon les accords toltèques, vous devriez toujours faire de votre mieux pour atteindre l'accomplissement personnel en étant impeccable avec vos mots. Cela signifie parler de vous-même et des autres avec amour et respect, et éviter les jugements négatifs qui peuvent entraver votre croissance. Ne prenez rien personnellement, car les opinions et les actions des autres ne sont pas des reflets de votre valeur ou de vos capacités. Ne faites pas de suppositions sur ce que vous devez accomplir ou sur la manière dont les autres perçoivent votre succès ; concentrez-vous sur ce qui est réellement important pour vous. Enfin, faites toujours de votre mieux pour avancer vers vos objectifs, tout en acceptant que le chemin peut être sinueux et ponctué d'apprentissages précieux. En suivant ces principes, vous pouvez cultiver un sens profond et durable d'accomplissement personnel, tout en vivant une vie authentique et épanouie.

Accoutumance

Définition :
L'accoutumance est le processus par lequel une personne devient habituée ou dépendante d'une substance, d'un comportement ou d'une situation, au point où cela influence significativement sa vie quotidienne et ses choix. Cette habitude peut diminuer la sensibilité initiale à l'effet de l'élément en question, nécessitant des doses ou des expériences de plus en plus grandes pour obtenir le même résultat.

Conseil toltèque :
Selon les accords toltèques, vous devriez toujours faire de votre mieux pour être conscient des habitudes et des dépendances que vous développez dans votre vie. En étant impeccable avec vos mots, vous pouvez éviter de vous justifier ou de rationaliser des comportements nocifs. Ne prenez rien personnellement, y compris les défis que vous rencontrez en tentant de changer ces habitudes ; ce sont des parties normales du processus. Ne faites pas de suppositions sur votre capacité à surmonter l'accoutumance ; croyez-en vous-même et en votre capacité à changer. Faites toujours de votre mieux pour rester présent et attentif, et pour remplacer les habitudes négatives par des actions qui honorent votre véritable nature et votre santé. Cela vous permettra de retrouver une vie plus équilibrée et harmonieuse.

Acte gratuit

Définition :
Un acte gratuit est une action effectuée sans attendre de récompense, de reconnaissance ou de bénéfice personnel. C'est un geste de générosité et de bienveillance pure, motivé uniquement par le désir d'apporter du bien aux autres ou de contribuer positivement à une situation, sans aucune arrière-pensée ni condition.

Conseil toltèque :
Selon les accords toltèques, vous devriez toujours faire de votre mieux pour pratiquer des actes gratuits en étant impeccable avec vos mots. Cela signifie exprimer votre bienveillance et votre générosité de manière claire et sincère, sans chercher à manipuler ou à contrôler la situation. Ne prenez rien personnellement, car la véritable valeur d'un acte gratuit réside dans l'intention désintéressée qui le sous-tend, indépendamment de la réaction des autres. Ne faites pas de suppositions sur la façon dont votre geste sera perçu ou sur les motivations des autres ; concentrez-vous sur l'acte lui-même et sur la joie de donner sans condition. Faites toujours de votre mieux pour intégrer des actes gratuits dans votre quotidien, en prenant conscience des opportunités d'aider et de soutenir les autres de manière spontanée et authentique. Cela renforcera vos relations et apportera une profonde satisfaction intérieure, en alignant vos actions sur les principes de l'amour inconditionnel et de la bienveillance universelle.

Adaptation hédonique

Définition :
L'adaptation hédonique est le phénomène par lequel les individus reviennent rapidement à un niveau stable de bonheur après des événements positifs ou négatifs majeurs. Cela signifie que les augmentations ou diminutions de bonheur dues à des circonstances externes tendent à être temporaires, et les personnes retrouvent leur niveau de bien-être de base malgré les changements dans leur environnement ou leurs expériences.

Conseil toltèque :
Selon les accords toltèques, vous devriez toujours faire de votre mieux pour naviguer l'adaptation hédonique en étant impeccable avec vos mots. Cela implique de reconnaître et d'accepter vos émotions sans jugement, et d'exprimer votre gratitude et votre satisfaction de manière authentique. Ne prenez rien personnellement, y compris les hauts et les bas émotionnels ; comprenez que ces fluctuations sont naturelles et qu'elles ne définissent pas votre valeur ou votre bonheur permanent. Ne faites pas de suppositions sur ce qui devrait vous rendre heureux ou sur la durée de cette satisfaction ; au lieu de cela, cultivez une appréciation pour les petites joies quotidiennes et les moments de calme. Faites toujours de votre mieux pour maintenir un équilibre intérieur et une perspective positive, en vous concentrant sur votre croissance personnelle et votre bien-être global plutôt que sur la poursuite incessante de plaisirs extérieurs. En appliquant ces principes, vous pourrez développer une résilience émotionnelle et une stabilité qui transcendent les circonstances changeantes de la vie.

Agilité mentale

Définition :
L'agilité mentale est la capacité d'une personne à penser rapidement et clairement, à s'adapter aux nouvelles situations, et à résoudre des problèmes de manière créative et efficace. Cela inclut la flexibilité cognitive, la capacité à passer d'une idée à l'autre, à apprendre de nouvelles informations rapidement et à utiliser ces compétences pour prendre des décisions judicieuses et innovantes.

Conseil toltèque :
Selon les accords toltèques, vous devriez toujours faire de votre mieux pour cultiver l'agilité mentale en étant impeccable avec vos mots. Exprimez vos idées de manière claire et précise, sans vous laisser entraver par des doutes ou des peurs inutiles. Ne prenez rien personnellement, surtout les critiques ou les échecs, car ils font partie intégrante du processus d'apprentissage et de croissance. Ne faites pas de suppositions sur vos limites ou vos capacités ; soyez ouvert à l'idée que vous pouvez toujours apprendre et vous améliorer. Faites

toujours de votre mieux pour stimuler votre esprit par des activités variées, des lectures enrichissantes, et des défis intellectuels. En pratiquant la pleine conscience et en restant présent, vous pouvez mieux saisir les opportunités d'apprentissage et vous adapter plus facilement aux changements. En intégrant ces principes dans votre vie quotidienne, vous pouvez développer une agilité mentale qui vous aidera à naviguer avec succès dans les situations complexes et à aborder chaque défi avec confiance et créativité.

Aliment-réconfort

Définition :
Un aliment-réconfort est un type de nourriture consommée pour procurer une sensation de bien-être émotionnel. Ces aliments sont souvent associés à des souvenirs agréables, des traditions familiales ou des moments de réconfort. Ils peuvent apporter une sensation de chaleur, de sécurité et de satisfaction émotionnelle, surtout en période de stress ou de tristesse.

Conseil toltèque :
Selon les accords toltèques, vous devriez toujours faire de votre mieux pour apprécier les aliments-réconfort de manière consciente et équilibrée. Soyez impeccable avec vos mots en reconnaissant et en exprimant vos besoins émotionnels sans jugement. Ne prenez rien personnellement, y compris vos envies alimentaires ; comprenez que chercher du réconfort dans la nourriture est une réponse humaine naturelle. Ne faites pas de suppositions sur le fait que consommer des aliments-réconfort est forcément mauvais ; plutôt, soyez attentif à la manière dont vous les intégrez dans votre alimentation globale. Faites toujours de votre mieux pour choisir des aliments qui nourrissent non seulement votre corps, mais aussi votre esprit, et savourez-les avec gratitude et modération. En cultivant une relation saine et consciente avec les aliments-réconfort, vous pouvez trouver un équilibre entre le plaisir et la santé, tout en honorant vos besoins émotionnels de manière respectueuse et bienveillante.

Amitié

Définition :
L'amitié est une relation interpersonnelle basée sur des sentiments mutuels de confiance, de respect, et d'affection. C'est un lien profond qui se caractérise par le soutien émotionnel, la compréhension, la loyauté, et le partage d'expériences. Les amis apportent un soutien moral, des conseils, et un sentiment de communauté, enrichissant ainsi la vie de chacun par leur présence et leur engagement sincère.

Conseil toltèque :
Selon les accords toltèques, vous devriez toujours faire de votre mieux pour entretenir vos amitiés en étant impeccable avec vos mots. Parlez avec honnêteté, gentillesse et respect, en exprimant clairement vos sentiments et en évitant les malentendus. Ne prenez rien personnellement ; rappelez-vous que les actions et les paroles de vos amis reflètent leurs propres expériences et émotions, et non une critique de votre valeur personnelle. Ne faites pas de suppositions sur ce que vos amis pensent ou ressentent ; communiquez ouvertement pour comprendre leurs perspectives et éviter les malentendus. Faites toujours de votre mieux pour être présent et engagé dans vos amitiés, en offrant votre soutien sans condition et en acceptant vos amis tels qu'ils sont. En suivant ces principes, vous pouvez renforcer vos relations amicales, créer des liens durables et profiter d'une vie sociale harmonieuse et épanouissante.

Amnésie post-traumatique

Définition :
L'amnésie post-traumatique est une forme de perte de mémoire qui survient après un événement traumatisant, qu'il soit physique ou psychologique. Cette amnésie peut être temporaire ou permanente, affectant la capacité de la personne à se souvenir de l'événement traumatique lui-même ou des périodes entourant cet événement. Elle est souvent un mécanisme de défense de l'esprit pour protéger l'individu des effets émotionnels intenses du traumatisme.
Conseil toltèque :

Selon les accords toltèques, vous devriez toujours faire de votre mieux pour aborder l'amnésie post-traumatique avec compassion et compréhension. Soyez impeccable avec vos mots en parlant de votre expérience de manière honnête et sans jugement. Il est crucial de reconnaître vos sentiments et de chercher de l'aide professionnelle si nécessaire, sans vous blâmer pour la situation. Ne prenez rien personnellement ; l'amnésie est une réponse naturelle de votre esprit à un traumatisme, et elle ne définit pas votre valeur ou votre force. Ne faites pas de suppositions sur votre capacité à guérir ou à retrouver vos souvenirs ; concentrez-vous plutôt sur le processus de guérison et sur les petites victoires. Faites toujours de votre mieux pour prendre soin de vous, en pratiquant des techniques de relaxation, en restant connecté avec vos proches et en suivant un traitement approprié. En intégrant ces principes, vous pouvez naviguer le chemin de la guérison avec patience et bienveillance, créant ainsi un espace de sécurité et de croissance pour vous-même.

Amorçage

Définition :
L'amorçage est un phénomène psychologique où l'exposition à un stimulus influence la réponse à un stimulus ultérieur, souvent de manière inconsciente. Cela peut affecter les pensées, les comportements et les perceptions, rendant un individu plus susceptible de réagir d'une certaine manière en fonction des stimuli précédents. L'amorçage est utilisé dans divers contextes, notamment en psychologie cognitive, en marketing et en éducation, pour orienter les réponses et les actions.

Conseil toltèque :
Selon les accords toltèques, vous devriez toujours faire de votre mieux pour être conscient de l'effet de l'amorçage sur vos pensées et comportements. Soyez impeccable avec vos mots en reconnaissant l'influence des stimuli externes sur votre esprit, et en choisissant consciemment de nourrir des pensées positives et constructives. Ne prenez rien personnellement ; les influences extérieures et les réactions automatiques ne définissent pas qui vous êtes réellement. Ne faites pas de suppositions sur vos réactions ou celles des autres ;

prenez le temps de réfléchir aux motivations et influences sous-jacentes. Faites toujours de votre mieux pour créer un environnement qui vous inspire et vous élève, en entourant votre vie de personnes, d'objets et d'expériences qui encouragent la croissance et la positivité. En étant conscient des effets de l'amorçage, vous pouvez mieux contrôler votre état d'esprit et vos actions, cultivant ainsi une vie plus harmonieuse et intentionnelle.

Amour

Définition :
L'amour est un sentiment profond d'affection, de tendresse et de connexion envers une autre personne. Il peut se manifester sous différentes formes, telles que l'amour romantique, l'amour familial, l'amitié, et l'amour inconditionnel. L'amour est caractérisé par la volonté de donner et de recevoir, de soutenir et de protéger, ainsi que de partager des moments de joie et de tristesse. C'est une force puissante qui enrichit la vie et favorise le bien-être émotionnel et spirituel.

Conseil toltèque :
Selon les accords toltèques, vous devriez toujours faire de votre mieux pour vivre l'amour de manière authentique et consciente. Soyez impeccable avec vos mots en exprimant vos sentiments d'amour de manière claire, honnête et bienveillante. Utilisez des mots qui nourrissent et renforcent vos relations, et évitez les jugements et les critiques destructives. Ne prenez rien personnellement ; comprenez que les actions et les réactions des autres sont le reflet de leurs propres expériences et émotions, et non une évaluation de votre valeur ou de votre capacité à aimer. Ne faites pas de suppositions sur ce que l'amour devrait être ou sur les attentes des autres ; engagez-vous dans une communication ouverte et sincère pour comprendre et honorer les besoins et les désirs mutuels. Faites toujours de votre mieux pour entretenir et nourrir vos relations amoureuses en étant présent, attentif et respectueux. En pratiquant l'amour selon ces principes, vous pouvez créer des liens profonds et significatifs, et vivre une vie remplie d'affection et de connexion véritable.

Amour-propre

Définition :
L'amour-propre est le sentiment de respect et d'appréciation que l'on a pour soi-même. C'est la reconnaissance de sa propre valeur et de son mérite, indépendamment des opinions et des jugements extérieurs. L'amour-propre implique de prendre soin de soi, de se traiter avec bienveillance, et de s'accepter pleinement, y compris ses forces et ses faiblesses. Il est essentiel pour une vie équilibrée et épanouissante.

Conseil toltèque :
Selon les accords toltèques, vous devriez toujours faire de votre mieux pour cultiver l'amour-propre en étant impeccable avec vos mots, surtout envers vous-même. Parlez-vous avec gentillesse et encouragement, et évitez les auto-critiques destructrices. Ne prenez rien personnellement, y compris les critiques ou les jugements des autres ; ces opinions ne définissent pas votre valeur. Ne faites pas de suppositions sur ce que vous devriez être ou sur ce que les autres attendent de vous ; concentrez-vous sur votre propre chemin et vos propres aspirations. Faites toujours de votre mieux pour prendre soin de votre corps, de votre esprit et de votre âme, en pratiquant des activités qui vous apportent joie et paix. En suivant ces principes, vous pouvez renforcer votre amour-propre et vivre une vie plus harmonieuse et authentique, où vous vous honorez et vous respectez chaque jour.

Analyse transactionnelle

Définition :
L'analyse transactionnelle est une théorie de la personnalité et une méthode de psychothérapie fondée par Eric Berne. Elle se concentre sur les transactions sociales et les communications entre individus, en identifiant les états du moi (Parent, Adulte, Enfant) qui influencent les interactions et les comportements. L'objectif est de comprendre et de modifier les dynamiques relationnelles pour améliorer les relations et le bien-être personnel.

Conseil toltèque :
Selon les accords toltèques, vous devriez utiliser l'analyse transactionnelle pour améliorer vos relations en étant impeccable avec vos mots, en identifiant et en modifiant les transactions négatives ou dysfonctionnelles. Ne prenez rien personnellement ; les comportements des autres sont souvent influencés par leurs propres états du moi et leurs expériences passées. Évitez de faire des suppositions sur les intentions derrière les transactions ; analysez les interactions de manière objective et bienveillante. Faites toujours de votre mieux pour favoriser des transactions qui viennent de l'état du moi Adulte, caractérisé par la rationalité, l'objectivité et la compréhension. En adoptant ces principes, vous pouvez transformer vos communications et relations en interactions plus saines, authentiques et équilibrées, tout en favorisant votre croissance personnelle et votre épanouissement.

Ancrage

Définition :
L'ancrage est une technique psychologique utilisée pour associer un état émotionnel ou une réaction spécifique à un stimulus particulier. Cela permet de rappeler facilement cet état ou cette réaction en présence du stimulus. L'ancrage est souvent utilisé en thérapie, en développement personnel, et en coaching pour aider les individus à accéder à des ressources internes positives, comme la confiance en soi, la calme, ou la motivation, en réponse à des situations spécifiques.

Conseil toltèque :
Selon les accords toltèques, vous devriez toujours faire de votre mieux pour pratiquer l'ancrage de manière consciente et positive. Soyez impeccable avec vos mots en identifiant clairement les émotions et les états que vous souhaitez ancrer, et en utilisant des affirmations positives pour renforcer ces états. Ne prenez rien personnellement, y compris les difficultés que vous pourriez rencontrer en essayant de créer ou d'activer vos ancrages ; comprenez que le développement de nouvelles habitudes demande du temps et de la patience. Ne faites pas de suppositions sur l'efficacité immédiate de l'ancrage ; soyez

ouvert à l'expérimentation et à l'ajustement de vos techniques. Faites toujours de votre mieux pour intégrer l'ancrage dans votre routine quotidienne, en pratiquant régulièrement et en célébrant vos progrès. En utilisant ces principes, vous pouvez renforcer vos capacités à gérer vos émotions et à répondre aux défis avec une résilience accrue, tout en vivant de manière plus équilibrée et intentionnelle.

Angoisse

Définition :
L'angoisse est un état émotionnel intense caractérisé par une inquiétude profonde, une peur irrationnelle et un sentiment de malaise ou de détresse. Elle peut se manifester physiquement par des symptômes tels que des palpitations, des sueurs, des tremblements et une sensation de suffocation. L'angoisse peut être déclenchée par des situations stressantes, des pensées anxieuses ou des expériences passées traumatisantes, et peut affecter significativement la qualité de vie et le bien-être d'une personne.

Conseil toltèque :
Selon les accords toltèques, vous devriez toujours faire de votre mieux pour gérer l'angoisse en étant impeccable avec vos mots. Parlez de vos peurs et de vos inquiétudes avec honnêteté et sans jugement, que ce soit avec vous-même ou avec des personnes de confiance. Ne prenez rien personnellement ; comprenez que l'angoisse est une réponse naturelle à des perceptions de menace ou de stress, et elle ne diminue en rien votre valeur ou votre force. Ne faites pas de suppositions sur l'origine de votre angoisse ou sur vos capacités à la surmonter ; explorez plutôt différentes méthodes de gestion, telles que la respiration profonde, la méditation, ou la thérapie, pour trouver ce qui fonctionne le mieux pour vous. Faites toujours de votre mieux pour prendre soin de votre bien-être mental et émotionnel en cultivant des habitudes saines, en restant présent et en vous entourant d'un réseau de soutien positif. En appliquant ces principes, vous pouvez développer une résilience émotionnelle qui vous aidera à naviguer l'angoisse avec plus de calme et de clarté, menant à une vie plus sereine et équilibrée.

Anormalité

Définition :
L'anormalité est la qualité ou l'état de ce qui est différent de ce qui est considéré comme normal, standard ou typique. Cela peut se manifester par des comportements, des caractéristiques physiques, des pensées ou des expériences qui dévient de la norme sociale ou statistique. L'anormalité n'est pas intrinsèquement négative ou positive, mais elle reflète une variation par rapport à ce qui est communément accepté ou attendu.

Conseil toltèque :
Selon les accords toltèques, vous devriez toujours faire de votre mieux pour aborder l'anormalité avec une attitude d'ouverture et de respect. Soyez impeccable avec vos mots en évitant les jugements et les stéréotypes qui peuvent marginaliser ou stigmatiser les différences. Ne prenez rien personnellement ; l'anormalité n'est pas une réflexion sur votre valeur ou sur celle des autres, mais une manifestation naturelle de la diversité humaine. Ne faites pas de suppositions sur ce que signifie être "normal" ou "anormal" ; chaque individu est unique et apporte une valeur distincte à la société. Faites toujours de votre mieux pour célébrer et accepter la diversité, en vous entourant de différentes perspectives et en apprenant des expériences des autres. En intégrant ces principes, vous pouvez créer un environnement plus inclusif et bienveillant, où la diversité est perçue comme une source de richesse et d'innovation plutôt que comme une source de division.

Anxiété

Définition :
L'anxiété est une émotion caractérisée par un sentiment de tension, de nervosité et d'inquiétude face à des situations perçues comme stressantes ou menaçantes. Elle peut se manifester par des symptômes physiques tels que des palpitations, des tremblements, des sueurs et des troubles du sommeil. L'anxiété peut être déclenchée par des événements spécifiques, des pensées négatives ou des situations inconnues, et elle peut affecter la qualité de vie et le bien-être général d'une personne.

Conseil toltèque :
Selon les accords toltèques, vous devriez toujours faire de votre mieux pour gérer l'anxiété en étant impeccable avec vos mots. Parlez de vos peurs et de vos préoccupations avec honnêteté et sans jugement, que ce soit à vous-même ou à des personnes de confiance. Ne prenez rien personnellement ; l'anxiété est une réponse naturelle aux perceptions de menace ou de stress et ne diminue en rien votre valeur ou votre force. Ne faites pas de suppositions sur les causes de votre anxiété ou sur vos capacités à la surmonter ; explorez différentes méthodes de gestion, comme la respiration profonde, la méditation, l'exercice physique, ou la thérapie, pour trouver ce qui fonctionne le mieux pour vous. Faites toujours de votre mieux pour prendre soin de votre bien-être mental et émotionnel en cultivant des habitudes saines, en restant présent, et en vous entourant d'un réseau de soutien positif. En appliquant ces principes, vous pouvez développer une résilience émotionnelle qui vous aidera à naviguer l'anxiété avec plus de calme et de clarté, menant à une vie plus sereine et équilibrée.

Arnaque à l'amour

Définition :
L'arnaque à l'amour est une forme de fraude où une personne est trompée par une autre qui prétend être amoureuse ou intéressée romantiquement afin de manipuler et d'exploiter la victime pour obtenir de l'argent, des biens ou d'autres avantages. Les arnaqueurs utilisent souvent des plateformes de rencontres en ligne ou des réseaux sociaux pour établir une connexion émotionnelle avant de demander des faveurs financières ou autres, en exploitant la confiance et les sentiments de leur cible.

Conseil toltèque :
Selon les accords toltèques, vous devriez toujours faire de votre mieux pour vous protéger contre les arnaques à l'amour en étant impeccable avec vos mots et en communiquant de manière claire et honnête. Restez vigilant et prenez le temps de bien connaître quelqu'un avant de vous engager émotionnellement ou financièrement. Ne prenez rien personnellement si vous découvrez que vous avez été trompé ; les arnaqueurs exploitent les émotions de nombreuses personnes et ce

n'est pas un reflet de votre valeur ou de votre intelligence. Ne faites pas de suppositions sur les intentions des autres ; restez prudent et cherchez des preuves concrètes de l'authenticité de leurs sentiments. Faites toujours de votre mieux pour protéger votre cœur et vos ressources, en établissant des limites claires et en écoutant votre intuition. En intégrant ces principes, vous pouvez naviguer les relations avec discernement et sagesse, créant ainsi des connexions authentiques et sécurisées tout en évitant les pièges des arnaques à l'amour.

Assertivité

Définition :
L'assertivité est la capacité de s'exprimer de manière claire, directe et respectueuse tout en défendant ses propres droits, besoins et opinions. Une personne assertive communique avec assurance et honnêteté sans agresser ni se soumettre aux autres. L'assertivité implique de reconnaître et de respecter les limites personnelles et celles des autres, favorisant ainsi des interactions équilibrées et harmonieuses.

Conseil toltèque :
Selon les accords toltèques, vous devriez toujours faire de votre mieux pour pratiquer l'assertivité en étant impeccable avec vos mots. Parlez avec clarté, sincérité et respect, en exprimant vos besoins et vos sentiments sans hésitation ni agressivité. Ne prenez rien personnellement ; rappelez-vous que les réactions des autres sont souvent le reflet de leurs propres perceptions et expériences, et non une évaluation de votre valeur. Ne faites pas de suppositions sur ce que les autres pensent ou ressentent ; posez des questions ouvertes et écoutez attentivement pour favoriser une communication authentique. Faites toujours de votre mieux pour maintenir un équilibre entre défendre vos droits et respecter ceux des autres. En adoptant ces principes, vous pouvez développer des relations plus saines et épanouissantes, tout en renforçant votre confiance en vous et votre capacité à naviguer les interactions sociales avec aisance et respect.

Attraction interpersonnelle

Définition :
L'attraction interpersonnelle est un phénomène par lequel une personne éprouve un intérêt ou une affinité envers une autre, basé sur divers facteurs tels que l'apparence physique, la personnalité, les valeurs partagées, les expériences communes ou la compatibilité émotionnelle. Cette attraction peut être de nature romantique, amicale ou professionnelle et joue un rôle crucial dans la formation et le maintien des relations humaines.

Conseil toltèque :
Selon les accords toltèques, vous devriez toujours faire de votre mieux pour aborder l'attraction interpersonnelle avec honnêteté et clarté. Soyez impeccable avec vos mots en exprimant vos sentiments et vos intentions de manière respectueuse et sincère, sans manipulation ni ambiguïté. Ne prenez rien personnellement ; comprenez que l'attraction est influencée par de nombreux facteurs, et les réactions des autres ne sont pas un reflet direct de votre valeur personnelle. Ne faites pas de suppositions sur les sentiments ou les intentions des autres ; engagez-vous dans une communication ouverte pour clarifier les perceptions et les attentes. Faites toujours de votre mieux pour cultiver des relations basées sur le respect mutuel, la confiance et l'authenticité. En suivant ces principes, vous pouvez naviguer les dynamiques d'attraction interpersonnelle de manière saine et constructive, en construisant des connexions profondes et significatives qui enrichissent votre vie et celle des autres.

Authenticité

Définition :
L'authenticité est la qualité d'être vrai, sincère et fidèle à soi-même. Une personne authentique exprime ses pensées, ses émotions et ses valeurs de manière honnête et transparente, sans chercher à plaire ou à se conformer aux attentes des autres. L'authenticité implique l'intégrité personnelle, le courage de montrer sa vulnérabilité et la capacité de vivre en accord avec ses convictions profondes.
Conseil toltèque :

Selon les accords toltèques, vous devriez toujours faire de votre mieux pour pratiquer l'authenticité en étant impeccable avec vos mots. Parlez et agissez en accord avec vos véritables sentiments et croyances, sans masquer votre identité pour obtenir l'approbation ou éviter le jugement. Ne prenez rien personnellement ; les réactions des autres face à votre authenticité sont souvent influencées par leurs propres expériences et perceptions, et ne diminuent en rien votre valeur. Ne faites pas de suppositions sur ce que les autres pensent de vous ; concentrez-vous plutôt sur l'importance de rester fidèle à vous-même. Faites toujours de votre mieux pour vivre avec intégrité, en alignant vos actions avec vos valeurs et en acceptant vos forces et vos faiblesses. En suivant ces principes, vous pouvez cultiver une vie plus riche et plus épanouissante, où vos relations et vos actions sont fondées sur la vérité et la sincérité, renforçant ainsi votre confiance en vous et votre bien-être global.

Auto-affirmation

Définition :
L'auto-affirmation est la pratique de reconnaître et d'affirmer sa propre valeur, ses capacités et ses croyances de manière positive et confiante. Cela implique de se donner la permission de s'exprimer pleinement, de défendre ses besoins et ses désirs, et de se rappeler de ses réussites et qualités. L'auto-affirmation est une démarche proactive pour renforcer l'estime de soi et maintenir une image positive de soi-même.

Conseil toltèque :
Selon les accords toltèques, vous devriez toujours faire de votre mieux pour pratiquer l'auto-affirmation en étant impeccable avec vos mots, particulièrement envers vous-même. Parlez-vous avec bienveillance et encouragement, en reconnaissant vos réussites et vos qualités sans minimiser vos efforts. Ne prenez rien personnellement, y compris les critiques ou les jugements des autres ; comprenez que leur opinion ne détermine pas votre valeur intrinsèque. Ne faites pas de suppositions sur vos capacités ou sur ce que vous méritez ; croyez en votre potentiel et rappelez-vous que vous êtes digne de respect et de succès. Faites toujours de votre mieux pour nourrir votre estime de soi

par des actions concrètes, telles que fixer et atteindre des objectifs, apprendre de nouvelles compétences, et cultiver des relations positives. En appliquant ces principes, vous pouvez renforcer votre confiance en vous et votre capacité à affirmer vos besoins et désirs, menant à une vie plus équilibrée et épanouissante.

Auto-compassion

Définition :
L'auto-compassion est la capacité de se traiter avec bienveillance, compréhension et acceptation, surtout en période de difficulté ou d'échec. Cela implique de reconnaître ses propres souffrances et imperfections sans jugement, de se pardonner et de s'offrir le même soutien et la même gentillesse que l'on offrirait à un ami proche. L'auto-compassion favorise la résilience émotionnelle et un sentiment de paix intérieure.

Conseil toltèque :
Selon les accords toltèques, vous devriez toujours faire de votre mieux pour pratiquer l'auto-compassion en étant impeccable avec vos mots envers vous-même. Parlez-vous avec douceur et encouragement, surtout lorsque vous faites face à des erreurs ou des défis. Ne prenez rien personnellement ; rappelez-vous que l'échec et les difficultés sont des expériences universelles et ne diminuent en rien votre valeur ou vos capacités. Ne faites pas de suppositions sur ce que vous devriez être ou comment vous devriez réagir ; acceptez vos émotions et vos réactions telles qu'elles sont, sans jugement. Faites toujours de votre mieux pour prendre soin de votre bien-être émotionnel en adoptant des pratiques qui nourrissent votre âme, comme la méditation, le journal intime ou passer du temps avec des êtres chers. En suivant ces principes, vous pouvez développer une relation plus aimante et compatissante avec vous-même, ce qui vous permettra de naviguer la vie avec plus de douceur, de résilience et de paix intérieure.

Auto-destructeur (comportement)

Définition :
Le comportement auto-destructeur est un ensemble d'actions et de pensées nuisibles qu'une personne adopte, consciemment ou inconsciemment, qui sabotent sa propre santé, son bien-être et ses relations. Ces comportements peuvent inclure des actions comme la consommation excessive d'alcool ou de drogues, l'automutilation, les relations toxiques, la procrastination extrême, et toute autre forme de sabotage personnel qui empêche la croissance et l'épanouissement.

Conseil toltèque :
Selon les accords toltèques, vous devriez toujours faire de votre mieux pour reconnaître et surmonter les comportements auto-destructeurs en étant impeccable avec vos mots envers vous-même. Parlez-vous avec bienveillance et encouragement, en reconnaissant vos efforts et vos progrès, même les plus petits. Ne prenez rien personnellement ; comprenez que ces comportements sont souvent des mécanismes de défense face à la douleur ou à la peur, et ne reflètent pas votre valeur ou votre potentiel véritable. Ne faites pas de suppositions sur vos capacités à changer ou à guérir ; restez ouvert et optimiste quant à votre potentiel de transformation et de croissance. Faites toujours de votre mieux pour chercher du soutien, qu'il s'agisse de thérapie, de groupes de soutien, ou de conversations avec des amis de confiance. Adoptez des pratiques positives et nourrissantes, comme la méditation, l'exercice physique, et les activités créatives, pour remplacer les comportements destructeurs par des habitudes saines. En appliquant ces principes, vous pouvez progressivement vous libérer des schémas auto-destructeurs et créer une vie plus équilibrée, épanouissante et harmonieuse.

Auto-efficacité

Définition :
L'auto-efficacité est la croyance en sa propre capacité à organiser et à exécuter les actions nécessaires pour atteindre des objectifs spécifiques. Elle reflète la confiance en ses compétences et en sa capacité à surmonter les obstacles et à réussir dans diverses

situations. Une forte auto-efficacité est associée à une plus grande motivation, une meilleure performance et une résilience accrue face aux défis.

Conseil toltèque :

Selon les accords toltèques, vous devriez toujours faire de votre mieux pour cultiver l'auto-efficacité en étant impeccable avec vos mots. Parlez de vos capacités et de vos réalisations avec fierté et sans fausse modestie, en reconnaissant vos compétences et en vous encourageant constamment. Ne prenez rien personnellement ; les obstacles et les échecs sont des opportunités d'apprentissage et ne diminuent pas votre valeur ou votre potentiel. Ne faites pas de suppositions sur vos limites ; croyez en votre capacité à apprendre, à grandir et à surmonter les défis. Faites toujours de votre mieux pour fixer des objectifs réalistes et atteignables, et célébrez chaque étape franchie vers ces objectifs. En adoptant ces principes, vous pouvez renforcer votre confiance en vous-même et en vos capacités, ce qui vous permettra d'aborder les tâches et les défis avec assurance et détermination, menant à une vie plus productive et épanouissante.

Automatisme

Définition :

L'automatisme est un comportement ou une action exécutée de manière involontaire et sans réflexion consciente, souvent en raison de l'habitude ou de la répétition fréquente. Les automatismes peuvent être des gestes physiques, des réactions émotionnelles ou des pensées mentales qui se produisent automatiquement en réponse à des stimuli spécifiques. Bien que les automatismes puissent faciliter certaines tâches quotidiennes, ils peuvent également limiter la prise de conscience et l'adaptabilité.

Conseil toltèque :

Selon les accords toltèques, vous devriez toujours faire de votre mieux pour être conscient de vos automatismes en étant impeccable avec vos mots. Parlez de vos habitudes et de vos réactions avec honnêteté, et reconnaissez celles qui ne servent plus votre bien-être ou votre croissance. Ne prenez rien personnellement ; les automatismes sont souvent le résultat de conditionnements passés et ne définissent pas qui vous êtes réellement. Ne faites pas de suppositions sur votre incapacité à changer ; croyez en votre pouvoir de transformation et en votre capacité à adopter de nouvelles habitudes plus saines et conscientes. Faites toujours de votre mieux pour pratiquer la pleine conscience, en observant vos actions et vos pensées sans jugement et en faisant des choix délibérés pour créer des comportements qui reflètent vos valeurs et vos aspirations. En appliquant ces principes, vous pouvez réduire l'impact des automatismes nuisibles et vivre de manière plus intentionnelle et épanouissante, en alignant vos actions sur vos véritables désirs et objectifs.

Auto-persuasion

Définition :
L'auto-persuasion est le processus par lequel une personne se convainc elle-même de quelque chose en utilisant ses propres pensées et arguments. Cela peut impliquer de renforcer des croyances positives, de se motiver pour atteindre des objectifs ou de surmonter des doutes et des peurs. L'auto-persuasion repose sur la capacité à influencer ses propres attitudes et comportements par le dialogue intérieur et la réflexion.

Conseil toltèque :
Selon les accords toltèques, vous devriez toujours faire de votre mieux pour pratiquer l'auto-persuasion de manière positive en étant impeccable avec vos mots envers vous-même. Utilisez des affirmations positives et des arguments encourageants pour renforcer vos croyances et votre confiance en vos capacités. Ne prenez rien personnellement ; comprenez que les doutes et les peurs sont des expériences universelles et qu'ils ne définissent pas votre valeur ou votre potentiel. Ne faites pas de suppositions sur vos limites ; croyez en votre capacité à changer et à atteindre vos objectifs. Faites toujours de votre mieux pour nourrir des pensées constructives et motivantes, en vous concentrant sur vos réussites passées et vos compétences. En appliquant ces principes, vous pouvez utiliser l'auto-persuasion pour surmonter les obstacles internes, renforcer votre estime de soi et avancer avec détermination vers vos aspirations personnelles et professionnelles.

Auto-préservation

Définition :
L'auto-préservation est l'instinct et les actions visant à protéger sa propre existence, sa santé et son bien-être. Cela englobe les comportements et les stratégies adoptés pour éviter les dangers, réduire les risques et maintenir une bonne condition physique et mentale. L'auto-préservation est fondamentale pour la survie et l'épanouissement, impliquant une prise de conscience et une gestion proactive des menaces potentielles à sa sécurité et à sa santé.

Conseil toltèque :
Selon les accords toltèques, vous devriez toujours faire de votre mieux pour pratiquer l'auto-préservation en étant impeccable avec vos mots. Cela signifie parler de vos besoins et de vos limites avec clarté et respect, et vous donner la permission de prendre soin de vous sans culpabilité. Ne prenez rien personnellement ; rappelez-vous que vous avez le droit de mettre votre bien-être en priorité, même si cela signifie dire non à certaines demandes ou attentes extérieures. Ne faites pas de suppositions sur votre invulnérabilité ou sur la capacité des autres à comprendre vos limites ; soyez clair et direct dans vos communications. Faites toujours de votre mieux pour entretenir votre santé physique et mentale en adoptant des habitudes saines, en recherchant des environnements sécurisants et en sollicitant du soutien lorsque nécessaire. En appliquant ces principes, vous pouvez créer un cadre de vie qui favorise la sécurité, la santé et le bien-être, vous permettant de vivre de manière plus sereine et épanouissante.

Auto-protection

Définition :
L'auto-protection est l'ensemble des actions et des stratégies qu'une personne utilise pour se défendre contre les menaces physiques, émotionnelles ou psychologiques. Cela comprend la mise en place de limites personnelles, l'évitement des situations dangereuses, et l'adoption de comportements qui assurent la sécurité et le bien-être. L'auto-protection est essentielle pour maintenir l'intégrité personnelle et vivre de manière sûre et équilibrée.

Conseil toltèque :

Selon les accords toltèques, vous devriez toujours faire de votre mieux pour pratiquer l'auto-protection en étant impeccable avec vos mots. Exprimez clairement vos limites et vos besoins, et n'ayez pas peur de dire non lorsque nécessaire pour protéger votre bien-être. Ne prenez rien personnellement ; comprendre que prendre soin de vous-même et établir des frontières n'est pas égoïste, mais un acte de respect envers vous-même. Ne faites pas de suppositions sur ce que les autres comprennent ou acceptent ; communiquez ouvertement et assurez-vous que vos attentes et limites sont bien comprises. Faites toujours de votre mieux pour créer un environnement sécurisant et soutenant, en vous entourant de personnes bienveillantes et en évitant les situations et les relations toxiques. En suivant ces principes, vous pouvez renforcer votre capacité à vous protéger de manière saine et proactive, ce qui vous permettra de mener une vie plus sereine et équilibrée.

Auto-sabotage

Définition :

L'auto-sabotage est un comportement où une personne, consciemment ou inconsciemment, s'empêche d'atteindre ses objectifs ou de réaliser son potentiel en adoptant des actions, des pensées ou des attitudes négatives. Cela peut inclure la procrastination, l'autocritique excessive, la peur du succès ou de l'échec, et le maintien de schémas de comportement destructeurs. L'auto-sabotage empêche la croissance personnelle et professionnelle, créant des obstacles internes à la réussite et au bien-être.

Conseil toltèque :

Selon les accords toltèques, vous devriez toujours faire de votre mieux pour surmonter l'auto-sabotage en étant impeccable avec vos mots, surtout envers vous-même. Parlez-vous avec bienveillance et encouragement, en reconnaissant vos efforts et en célébrant vos petites victoires. Ne prenez rien personnellement ; rappelez-vous que les comportements d'auto-sabotage sont souvent le résultat de peurs et de croyances limitantes profondément enracinées, et ne reflètent pas votre véritable valeur ou potentiel. Ne faites pas de suppositions sur vos limites ou sur les obstacles que vous pouvez rencontrer ; adoptez une perspective ouverte et positive sur vos capacités à surmonter les défis. Faites toujours de votre mieux pour identifier les schémas de pensée et de comportement négatifs, et remplacez-les par des habitudes constructives et des objectifs clairs. En suivant ces principes, vous pouvez diminuer l'impact de l'auto-sabotage dans votre vie, et avancer avec plus de confiance et de détermination vers vos aspirations personnelles et professionnelles.

Aversion

Définition :
L'aversion est un sentiment intense de répulsion ou de dégoût envers quelque chose ou quelqu'un. Elle peut se manifester par une forte réaction émotionnelle négative, souvent accompagnée du désir d'éviter ou de fuir l'objet de l'aversion. Ce sentiment peut être déclenché par des expériences passées, des valeurs personnelles, ou des perceptions de menace ou de danger.

Conseil toltèque :
Selon les accords toltèques, vous devriez toujours faire de votre mieux pour gérer l'aversion en étant impeccable avec vos mots. Exprimez vos sentiments de manière claire et respectueuse, sans jugement ni hostilité. Ne prenez rien personnellement ; comprenez que l'aversion est souvent une réponse à des expériences ou des perceptions et qu'elle ne définit pas votre valeur ou celle de l'objet de votre aversion. Ne faites pas de suppositions sur les intentions ou les caractéristiques des autres ; explorez les raisons sous-jacentes de votre aversion et soyez ouvert à la possibilité de changer votre perspective. Faites toujours de votre mieux pour cultiver la compassion et l'ouverture d'esprit, en vous efforçant de comprendre les différences et de trouver des points communs. En appliquant ces principes, vous pouvez réduire l'impact de l'aversion sur votre vie, favoriser des relations plus harmonieuses et développer une attitude plus tolérante et bienveillante envers vous-même et les autres.

Bambi (Effet)

Définition :
L'effet Bambi fait référence à la tendance des personnes à éprouver une empathie et une sensibilité accrues envers les animaux mignons ou jeunes, souvent à cause de leur apparence adorable qui déclenche des réactions de protection et de bienveillance. Ce terme vient du célèbre personnage de Bambi, un faon orphelin du film d'animation de Disney, qui suscite de fortes émotions de compassion et de sympathie.

Conseil toltèque :
Selon les accords toltèques, vous devriez toujours faire de votre mieux pour pratiquer l'empathie et la bienveillance, non seulement envers les animaux qui déclenchent l'effet Bambi, mais aussi envers tous les êtres vivants. Soyez impeccable avec vos mots en exprimant votre compassion de manière sincère et cohérente, en évitant les jugements superficiels basés uniquement sur l'apparence. Ne prenez rien personnellement ; rappelez-vous que chaque être, qu'il soit adorable ou non, mérite respect et protection. Ne faites pas de suppositions sur la valeur d'un être vivant en fonction de son apparence ; cherchez à comprendre et à apprécier la diversité de la vie sous toutes ses formes. Faites toujours de votre mieux pour étendre votre bienveillance et votre empathie, en agissant de manière à soutenir et protéger les animaux et les personnes qui en ont besoin, indépendamment de leur apparence. En adoptant ces principes, vous pouvez développer une attitude plus inclusive et généreuse, contribuant à un monde plus harmonieux et respectueux pour tous les êtres vivants.

Bénéfice secondaire

Définition :
Le bénéfice secondaire est un avantage ou une récompense indirecte obtenue suite à un comportement ou une situation, même si cette situation est en apparence désavantageuse ou négative. Par exemple, une personne peut inconsciemment maintenir un problème de santé

ou une difficulté émotionnelle pour recevoir de l'attention, du soutien ou éviter certaines responsabilités.

Conseil toltèque :
Selon les accords toltèques, vous devriez toujours faire de votre mieux pour reconnaître et comprendre les bénéfices secondaires dans votre vie en étant impeccable avec vos mots. Parlez de vos situations et de vos motivations avec honnêteté, sans vous juger ou juger les autres. Ne prenez rien personnellement ; réalisez que chercher des bénéfices secondaires est une réaction humaine naturelle et qu'elle ne diminue pas votre valeur ou votre intégrité. Ne faites pas de suppositions sur vos motivations ou celles des autres ; prenez le temps de réfléchir aux raisons sous-jacentes de certains comportements et aux avantages indirects qu'ils peuvent apporter. Faites toujours de votre mieux pour aborder vos défis de manière directe et authentique, en cherchant des solutions qui favorisent la croissance et le bien-être à long terme plutôt que des gains temporaires ou indirects. En appliquant ces principes, vous pouvez créer des changements positifs dans votre vie, en vous libérant des schémas auto-saboteurs et en cultivant des habitudes et des relations qui soutiennent votre épanouissement véritable.

Besoin affectif

Définition :
Le besoin affectif est le désir fondamental d'une personne de recevoir de l'amour, de l'affection, de l'attention et du soutien émotionnel des autres. Ce besoin est essentiel pour le bien-être émotionnel et psychologique, contribuant au sentiment de sécurité, de valeur personnelle et de connexion sociale. Satisfaire ses besoins affectifs permet de développer des relations saines et épanouissantes.

Conseil toltèque :
Selon les accords toltèques, vous devriez toujours faire de votre mieux pour reconnaître et satisfaire vos besoins affectifs en étant impeccable avec vos mots. Exprimez vos besoins d'amour et d'affection clairement et honnêtement, sans peur ni honte. Ne prenez rien personnellement ; comprenez que chaque personne a des

besoins affectifs et que les réponses des autres à vos demandes ne sont pas un reflet de votre valeur. Ne faites pas de suppositions sur ce que les autres peuvent deviner ou savoir de vos besoins ; communiquez ouvertement pour éviter les malentendus et favoriser la compréhension mutuelle. Faites toujours de votre mieux pour cultiver des relations basées sur le respect mutuel, la confiance et l'authenticité, où vous pouvez donner et recevoir de l'affection de manière équilibrée. En appliquant ces principes, vous pouvez créer un environnement où vos besoins affectifs sont reconnus et satisfaits, menant à une vie plus harmonieuse et épanouissante, enrichie par des connexions profondes et sincères.

Besoin primaire

Définition :
Le besoin primaire est une nécessité fondamentale et essentielle à la survie et au bien-être d'un individu. Ces besoins incluent les éléments vitaux tels que la nourriture, l'eau, l'air, le sommeil, la sécurité physique, et la chaleur. Ils constituent la base de la hiérarchie des besoins humains et doivent être satisfaits avant que d'autres besoins, comme les besoins affectifs ou d'accomplissement, puissent être pleinement réalisés.

Conseil toltèque :
Selon les accords toltèques, vous devriez toujours faire de votre mieux pour reconnaître et satisfaire vos besoins primaires en étant impeccable avec vos mots. Parlez de vos besoins essentiels avec honnêteté et clarté, en reconnaissant leur importance sans culpabilité ni honte. Ne prenez rien personnellement ; comprendre que chacun a des besoins primaires n'est pas une faiblesse, mais une réalité universelle de la condition humaine. Ne faites pas de suppositions sur votre capacité à satisfaire ces besoins ou sur l'aide que vous pouvez recevoir ; soyez ouvert à demander du soutien et à utiliser les ressources disponibles. Faites toujours de votre mieux pour créer des conditions de vie qui garantissent la satisfaction de vos besoins primaires, en prenant soin de votre corps, en recherchant des environnements sûrs et en établissant des routines qui favorisent votre bien-être physique et mental. En appliquant ces principes, vous

pouvez établir une base solide pour votre santé et votre sécurité, vous permettant ainsi de vous épanouir pleinement et de poursuivre vos aspirations avec énergie et confiance.

Besoin de reconnaissance

Définition :
Le besoin de reconnaissance est le désir humain fondamental de se sentir apprécié, valorisé et validé par les autres. Il s'exprime par la recherche d'approbation, de compliments et de validation externe pour renforcer l'estime de soi et le sentiment d'importance personnelle.

Conseil toltèque :
Selon les accords toltèques, vous devriez répondre à votre besoin de reconnaissance en étant impeccable avec vos mots, en exprimant vos réussites et vos besoins de manière honnête et sans attendre systématiquement l'approbation extérieure. Ne prenez rien personnellement ; la reconnaissance que vous recevez ou non des autres ne diminue pas votre valeur intrinsèque. Évitez de faire des suppositions sur ce que les autres devraient vous dire ou comment ils devraient vous valider ; concentrez-vous sur l'auto-validation et la reconnaissance de vos propres efforts et progrès. Faites toujours de votre mieux pour développer une estime de soi solide et indépendante, en vous appuyant sur vos propres valeurs et accomplissements plutôt que sur l'approbation des autres. En adoptant ces principes, vous pouvez satisfaire votre besoin de reconnaissance de manière équilibrée et durable, tout en cultivant une confiance en vous-même authentique et résiliente.

Biais cognitif

Définition :
Un biais cognitif est une distorsion systématique dans la façon dont les humains perçoivent, pensent et se souviennent des informations. Ces biais peuvent influencer les décisions et les jugements de manière inconsciente, souvent en déviant de la logique ou de la rationalité. Les biais cognitifs résultent de divers facteurs tels que les

expériences passées, les émotions, les croyances et les limitations de traitement de l'information par le cerveau humain.

Conseil toltèque :
Selon les accords toltèques, vous devriez toujours faire de votre mieux pour reconnaître et atténuer les biais cognitifs en étant impeccable avec vos mots. Soyez honnête avec vous-même et les autres sur vos perceptions et jugements, en acceptant que vous pouvez être influencé par des biais inconscients. Ne prenez rien personnellement ; comprenez que les biais cognitifs sont des mécanismes universels et ne reflètent pas une faiblesse personnelle. Ne faites pas de suppositions sur la justesse de vos opinions ou sur celles des autres ; adoptez une attitude d'ouverture et de curiosité, en recherchant activement des perspectives différentes et des informations nouvelles. Faites toujours de votre mieux pour pratiquer la réflexion critique et la pleine conscience, en questionnant vos pensées et en prenant le temps d'analyser vos décisions de manière rationnelle et équilibrée. En appliquant ces principes, vous pouvez réduire l'impact des biais cognitifs sur votre vie, prendre des décisions plus éclairées et interagir avec les autres de manière plus compréhensive et empathique.

Bicaméralité

Définition :
La bicaméralité est une théorie proposée par le psychologue Julian Jaynes, suggérant que l'esprit humain était autrefois divisé en deux parties : une partie "parlante" qui donnait des ordres et une partie "écoutante" qui exécutait ces ordres. Selon cette théorie, cette division mentale aurait permis aux humains de fonctionner sans conscience introspective, en suivant les directives perçues comme provenant de sources divines ou autoritaires. La transition vers une pensée consciente et introspective aurait marqué la fin de cette bicaméralité.

Conseil toltèque :
Selon les accords toltèques, vous devriez toujours faire de votre mieux pour comprendre et intégrer les concepts de bicaméralité en étant

impeccable avec vos mots. Parlez de cette théorie et de ses implications avec clarté et respect, en reconnaissant la diversité des perspectives sur l'évolution de la conscience humaine. Ne prenez rien personnellement ; les théories et les idées sur la nature de l'esprit humain sont des tentatives d'explication et ne diminuent en rien votre propre expérience et perception. Ne faites pas de suppositions sur la validité absolue de cette théorie ou sur l'impact qu'elle peut avoir sur votre compréhension de la conscience ; restez ouvert aux nouvelles informations et aux différentes interprétations. Faites toujours de votre mieux pour explorer la nature de votre propre conscience, en pratiquant la réflexion introspective, la méditation et l'ouverture d'esprit. En appliquant ces principes, vous pouvez enrichir votre compréhension de vous-même et des autres, et naviguer le monde des idées avec une attitude de curiosité et de respect.

Bien-être émotionnel

Définition :
Le bien-être émotionnel est un état de satisfaction intérieure et de stabilité émotionnelle, caractérisé par des sentiments positifs tels que la joie, la paix et l'amour, ainsi que par la capacité à gérer efficacement le stress et les émotions négatives. Il implique un équilibre entre les différents aspects de la vie émotionnelle, y compris la résilience face aux défis, la reconnaissance de ses propres émotions et la capacité à maintenir des relations harmonieuses avec les autres.

Conseil toltèque :
Selon les accords toltèques, vous devriez toujours faire de votre mieux pour cultiver le bien-être émotionnel en étant impeccable avec vos mots. Exprimez vos émotions de manière claire et respectueuse, sans les réprimer ni les exagérer. Ne prenez rien personnellement ; comprenez que les émotions des autres sont le reflet de leurs propres expériences et perceptions, et non une évaluation de votre valeur. Ne faites pas de suppositions sur vos émotions ou celles des autres ; prenez le temps d'explorer et de comprendre ce que vous ressentez vraiment. Faites toujours de votre mieux pour adopter des pratiques qui favorisent votre bien-être émotionnel, telles que la méditation,

l'exercice physique, le temps passé en nature et les activités créatives. Entourez-vous de personnes positives et soutenantes, et cherchez à développer des relations authentiques et bienveillantes. En suivant ces principes, vous pouvez renforcer votre bien-être émotionnel, vivre de manière plus épanouissante et faire face aux défis de la vie avec plus de résilience et de sérénité.

Bienfaisance

Définition :
La bienfaisance est l'acte de faire du bien aux autres par des actions généreuses, des dons ou des services désintéressés. Elle implique un engagement à aider ceux qui sont dans le besoin, à soulager la souffrance et à promouvoir le bien-être de la communauté. La bienfaisance est motivée par l'empathie, la compassion et le désir de contribuer positivement à la vie des autres.

Conseil toltèque :
Selon les accords toltèques, vous devriez toujours faire de votre mieux pour pratiquer la bienfaisance en étant impeccable avec vos mots. Exprimez votre désir d'aider de manière claire et sincère, sans attendre de reconnaissance ou de récompense. Ne prenez rien personnellement ; le véritable acte de bienfaisance ne dépend pas des réactions ou de la gratitude des autres, mais de votre intention pure et désintéressée. Ne faites pas de suppositions sur les besoins des autres ; engagez-vous dans des dialogues ouverts pour comprendre comment vous pouvez réellement être utile et apporter un soutien significatif. Faites toujours de votre mieux pour intégrer des actes de bienfaisance dans votre vie quotidienne, qu'il s'agisse de petits gestes de gentillesse ou de contributions plus importantes à des causes qui vous tiennent à cœur. En appliquant ces principes, vous pouvez créer un impact positif durable, renforcer vos relations et enrichir votre propre vie en apportant du bonheur et du soutien à ceux qui vous entourent.

Bienveillance

Définition :
La bienveillance est une attitude de bonté, de générosité et de considération envers les autres. Elle se manifeste par des actions et des paroles empreintes de gentillesse et de respect, visant à promouvoir le bien-être et le bonheur des autres. La bienveillance implique de voir le meilleur en chacun et de traiter autrui avec compassion et empathie, créant ainsi des relations harmonieuses et positives.

Conseil toltèque :
Selon les accords toltèques, vous devriez toujours faire de votre mieux pour pratiquer la bienveillance en étant impeccable avec vos mots. Exprimez vos pensées et vos sentiments avec douceur et respect, en choisissant des mots qui élèvent et encouragent. Ne prenez rien personnellement ; comprenez que les réactions des autres sont souvent influencées par leurs propres expériences et ne sont pas un reflet de votre valeur. Ne faites pas de suppositions sur les intentions ou les motivations des autres ; abordez chaque interaction avec un esprit ouvert et une volonté de comprendre et de soutenir. Faites toujours de votre mieux pour intégrer la bienveillance dans vos actions quotidiennes, en offrant votre aide, en écoutant attentivement, et en montrant de la gratitude et de l'appréciation. En suivant ces principes, vous pouvez cultiver un environnement de respect et de compassion, renforcer vos relations et vivre une vie plus épanouissante et harmonieuse.

Blessure

Définition :
Une blessure est une atteinte physique ou émotionnelle causée par un accident, un incident ou une interaction qui provoque de la douleur et des dommages. Les blessures peuvent être visibles, comme des coupures ou des contusions, ou invisibles, comme des traumatismes émotionnels et psychologiques. La guérison des blessures implique des soins appropriés, du temps, et souvent du soutien émotionnel et social.

Conseil toltèque :
Selon les accords toltèques, vous devriez toujours faire de votre mieux pour guérir et gérer les blessures en étant impeccable avec vos mots. Exprimez vos douleurs et vos besoins de manière honnête et sans honte, en reconnaissant l'importance de prendre soin de vous. Ne prenez rien personnellement ; comprenez que les blessures, qu'elles soient physiques ou émotionnelles, font partie de l'expérience humaine et ne diminuent pas votre valeur intrinsèque. Ne faites pas de suppositions sur le processus de guérison ou sur la durée nécessaire pour récupérer ; soyez patient avec vous-même et permettez-vous de guérir à votre propre rythme. Faites toujours de votre mieux pour adopter des pratiques de soin et de guérison, qu'il s'agisse de traitements médicaux, de thérapies, de soutien de la part de proches, ou de techniques de relaxation et de méditation. En appliquant ces principes, vous pouvez favoriser une guérison plus complète et harmonieuse, en prenant soin de votre bien-être global et en retrouvant votre équilibre émotionnel et physique.

Blocage mental

Définition :
Un blocage mental est une interruption ou une difficulté dans le processus de pensée qui empêche une personne de progresser dans ses réflexions ou ses actions. Cela peut se manifester par une incapacité à se concentrer, une perte de motivation, ou des pensées négatives récurrentes qui paralysent la prise de décision. Les blocages mentaux peuvent être causés par le stress, l'anxiété, des expériences passées traumatisantes ou des croyances limitantes.

Conseil toltèque :
Selon les accords toltèques, vous devriez toujours faire de votre mieux pour surmonter un blocage mental en étant impeccable avec vos mots. Parlez de vos difficultés et de vos frustrations de manière honnête et sans jugement, en reconnaissant que ces obstacles sont temporaires et font partie de l'expérience humaine. Ne prenez rien personnellement ; les blocages mentaux ne définissent pas votre valeur ou votre capacité à réussir. Ne faites pas de suppositions sur votre incapacité à surmonter ces blocages ; croyez en votre potentiel

à trouver des solutions et à progresser. Faites toujours de votre mieux pour adopter des pratiques qui favorisent la clarté mentale et la résilience, comme la méditation, l'exercice physique, le journal intime, et la recherche de soutien auprès de mentors ou de professionnels de la santé mentale. En appliquant ces principes, vous pouvez réduire l'impact des blocages mentaux sur votre vie, renforcer votre confiance en vous et continuer à avancer vers vos objectifs avec plus de détermination et de sérénité.

Boîte à colère

Définition :
La boîte à colère est une méthode thérapeutique ou un outil de gestion des émotions où une personne exprime sa colère de manière constructive en l'écrivant sur un papier et en le plaçant dans une boîte dédiée. Ce processus permet de reconnaître et de libérer des sentiments de colère sans les diriger de manière destructrice envers soi-même ou les autres. C'est une technique qui aide à externaliser et à gérer les émotions négatives de manière saine.

Conseil toltèque :
Selon les accords toltèques, vous devriez toujours faire de votre mieux pour utiliser une boîte à colère en étant impeccable avec vos mots. Écrivez vos sentiments de colère avec honnêteté et clarté, sans jugement envers vous-même ni les autres. Ne prenez rien personnellement ; rappelez-vous que la colère est une émotion naturelle et qu'exprimer ces sentiments ne diminue en rien votre valeur ou celle des autres. Ne faites pas de suppositions sur la manière dont vos émotions devraient être gérées ; chaque personne a des méthodes différentes pour traiter ses émotions, et il est important de trouver ce qui fonctionne le mieux pour vous. Faites toujours de votre mieux pour utiliser la boîte à colère comme un outil de croissance et de compréhension personnelle, en prenant le temps de réfléchir aux déclencheurs de votre colère et en recherchant des moyens constructifs pour résoudre les conflits et les frustrations. En suivant ces principes, vous pouvez transformer la colère en une force positive pour le changement et le développement personnel, menant à une vie plus équilibrée et harmonieuse.

Bonheur

Définition :
Le bonheur est un état de bien-être profond et durable, caractérisé par des émotions positives telles que la joie, la satisfaction et l'accomplissement. Il ne dépend pas uniquement des circonstances externes, mais aussi de la manière dont une personne perçoit et interprète sa vie. Le bonheur implique un équilibre entre la réalisation de ses besoins et aspirations, le maintien de relations harmonieuses, et la pratique de la gratitude et de l'optimisme.

Conseil toltèque :
Selon les accords toltèques, vous devriez toujours faire de votre mieux pour cultiver le bonheur en étant impeccable avec vos mots. Exprimez votre gratitude et vos appréciations avec sincérité, en vous concentrant sur les aspects positifs de votre vie. Ne prenez rien personnellement ; rappelez-vous que les défis et les obstacles font partie de l'expérience humaine et ne diminuent pas votre capacité à être heureux. Ne faites pas de suppositions sur ce que le bonheur devrait être ; chaque personne a sa propre définition et ses propres chemins vers le bonheur. Faites toujours de votre mieux pour nourrir votre bien-être émotionnel et spirituel, en pratiquant des activités qui vous apportent joie et épanouissement, en vous entourant de personnes positives et bienveillantes, et en prenant soin de votre corps et de votre esprit. En appliquant ces principes, vous pouvez construire une base solide pour un bonheur authentique et durable, vivant chaque jour avec une appréciation profonde et une perspective optimiste.

Bonté

Définition :
La bonté est la qualité de faire preuve de gentillesse, de générosité et de bienveillance envers les autres. Elle se manifeste par des actions et des paroles qui visent à aider, soutenir et encourager ceux qui en ont besoin, sans attendre de récompense en retour. La bonté est une expression de l'empathie et de la compassion, et elle contribue à créer des relations harmonieuses et une société plus juste et plus humaine.

Conseil toltèque :
Selon les accords toltèques, vous devriez toujours faire de votre mieux pour pratiquer la bonté en étant impeccable avec vos mots. Exprimez votre gentillesse et votre soutien de manière claire et sincère, en choisissant des mots qui réconfortent et encouragent. Ne prenez rien personnellement ; comprenez que la bonté que vous offrez aux autres ne dépend pas de leurs réactions, mais de votre propre volonté de faire le bien. Ne faites pas de suppositions sur les besoins ou les intentions des autres ; écoutez attentivement et soyez ouvert à leurs expériences et à leurs perspectives. Faites toujours de votre mieux pour intégrer la bonté dans vos actions quotidiennes, que ce soit par des petits gestes de générosité ou par des actes plus significatifs de soutien et d'aide. En appliquant ces principes, vous pouvez cultiver une attitude de bienveillance qui enrichit votre vie et celle des autres, en contribuant à un environnement plus harmonieux et solidaire.

Boomerang (Effet)

Définition :
L'effet boomerang est un phénomène par lequel une action ou une intention revient à son point de départ, souvent avec des conséquences imprévues et potentiellement négatives. Cela peut se produire lorsqu'une tentative de persuasion, de manipulation ou d'intervention aboutit à un résultat opposé à celui escompté, causant des répercussions indésirables pour l'initiateur de l'action.

Conseil toltèque :
Selon les accords toltèques, vous devriez toujours faire de votre mieux pour éviter l'effet boomerang en étant impeccable avec vos mots et vos actions. Communiquez vos intentions de manière claire et honnête, sans tenter de manipuler ou de contrôler les autres. Ne prenez rien personnellement ; comprenez que les réactions des autres sont souvent influencées par leurs propres expériences et perceptions, et non par une intention de nuire. Ne faites pas de suppositions sur les résultats de vos actions ; soyez conscient des possibles répercussions et préparez-vous à ajuster votre approche si nécessaire. Faites toujours de votre mieux pour agir avec intégrité et bienveillance, en recherchant des solutions qui bénéficient à toutes

les parties impliquées. En appliquant ces principes, vous pouvez réduire les risques d'effet boomerang et créer des interactions et des relations plus harmonieuses et constructives.

Bore-out

Définition :
Le bore-out est un état de fatigue et de démotivation professionnelle résultant de l'ennui et du manque de stimulation au travail. Contrairement au burn-out, qui est causé par un stress excessif, le bore-out survient lorsque les tâches sont monotones, peu engageantes ou insuffisamment exigeantes, menant à une sensation de sous-utilisation des compétences et des capacités. Les symptômes peuvent inclure une perte d'intérêt, une baisse de productivité et des problèmes de santé mentale tels que l'anxiété et la dépression.

Conseil toltèque :
Selon les accords toltèques, vous devriez toujours faire de votre mieux pour prévenir et surmonter le bore-out en étant impeccable avec vos mots. Exprimez vos besoins et vos aspirations professionnelles de manière honnête et directe avec vos supérieurs et collègues, en cherchant des opportunités de développement et de croissance. Ne prenez rien personnellement ; comprenez que l'ennui au travail n'est pas un reflet de votre valeur ou de vos capacités, mais souvent une conséquence de circonstances externes. Ne faites pas de suppositions sur les possibilités d'évolution ou de changement dans votre travail ; explorez activement les options disponibles pour diversifier vos tâches ou améliorer votre environnement de travail. Faites toujours de votre mieux pour trouver des moyens de vous engager dans des activités stimulantes et enrichissantes, que ce soit dans votre emploi actuel ou en dehors, comme des projets personnels, des formations ou des loisirs créatifs. En appliquant ces principes, vous pouvez retrouver un sens de la motivation et de l'épanouissement professionnel, menant à une vie plus équilibrée et satisfaisante.

Boule de neige (Effet)

Définition :

L'effet boule de neige est un phénomène où une action ou un événement initial déclenche une série de réactions en chaîne qui augmentent en intensité et en ampleur au fil du temps, semblable à une boule de neige qui grossit en dévalant une pente. Cet effet peut être observé dans divers domaines tels que la finance, les réseaux sociaux, et le développement personnel, où des petites actions répétées ou partagées peuvent aboutir à des résultats significativement plus importants.

Conseil toltèque :

Selon les accords toltèques, vous devriez toujours faire de votre mieux pour utiliser l'effet boule de neige de manière positive en étant impeccable avec vos mots et vos actions. Commencez par de petites étapes vers vos objectifs, en reconnaissant que chaque action, aussi modeste soit-elle, peut contribuer à des changements significatifs sur le long terme. Ne prenez rien personnellement ; comprenez que les résultats ne se manifestent pas toujours immédiatement, et la persévérance est clé. Ne faites pas de suppositions sur l'impact de vos efforts ; restez ouvert à la possibilité que même les plus petits actes peuvent avoir des répercussions importantes. Faites toujours de votre mieux pour maintenir une attitude positive et cohérente, en restant fidèle à vos valeurs et en encourageant les autres à faire de même. En appliquant ces principes, vous pouvez exploiter l'effet boule de neige pour atteindre des réalisations importantes et créer un impact positif durable dans votre vie et celle des autres.

Bouleversement émotionnel

Définition :

Un bouleversement émotionnel est une perturbation intense de l'état émotionnel d'une personne, souvent causée par des événements stressants, traumatisants ou inattendus. Cela peut se manifester par des sentiments de confusion, de tristesse profonde, de colère, de peur ou de désespoir, et peut affecter la capacité à penser clairement et à fonctionner normalement. Les bouleversements émotionnels nécessitent du temps et des efforts pour être surmontés et intégrés de manière saine.

Conseil toltèque :
Selon les accords toltèques, vous devriez toujours faire de votre mieux pour naviguer un bouleversement émotionnel en étant impeccable avec vos mots. Exprimez vos émotions de manière authentique et sans jugement, que ce soit à travers la parole, l'écriture ou d'autres formes d'expression créative. Ne prenez rien personnellement ; rappelez-vous que les émotions intenses sont une réaction naturelle aux expériences difficiles et ne diminuent en rien votre valeur ou votre force. Ne faites pas de suppositions sur le temps ou les moyens nécessaires pour surmonter vos émotions ; chaque personne a un processus de guérison unique et il est essentiel de respecter votre propre rythme. Faites toujours de votre mieux pour prendre soin de vous pendant ces périodes, en recherchant le soutien de proches, de professionnels de la santé mentale, ou en pratiquant des techniques de relaxation et de pleine conscience. En appliquant ces principes, vous pouvez traverser les bouleversements émotionnels avec plus de résilience et de compassion pour vous-même, permettant une guérison et une croissance personnelle à long terme.

Burn-out

Définition :
Le burn-out est un état d'épuisement physique, émotionnel et mental causé par un stress prolongé et excessif au travail. Il se manifeste par une fatigue extrême, un détachement émotionnel et une diminution des performances. Les symptômes incluent un sentiment de désespoir, une perte de motivation, des troubles du sommeil, et des problèmes de santé physique. Le burn-out nécessite une intervention immédiate pour rétablir l'équilibre et le bien-être.

Conseil toltèque :
Selon les accords toltèques, vous devriez toujours faire de votre mieux pour prévenir et surmonter le burn-out en étant impeccable avec vos mots. Exprimez vos limites et vos besoins de manière claire et honnête, sans crainte de jugement. Ne prenez rien personnellement ;

comprenez que le burn-out résulte souvent de facteurs systémiques et non d'une faiblesse personnelle. Ne faites pas de suppositions sur vos capacités à tout gérer seul ; cherchez du soutien auprès de vos collègues, supérieurs et proches. Faites toujours de votre mieux pour équilibrer votre vie professionnelle et personnelle, en prenant soin de votre santé physique, mentale et émotionnelle. En adoptant ces principes, vous pouvez créer un environnement de travail plus sain et prévenir l'épuisement professionnel.

Cadre conceptuel

Définition :
Le cadre conceptuel est un ensemble de concepts et de théories qui fournissent une base structurée pour la compréhension et l'analyse d'un sujet spécifique. Il sert de guide pour la recherche et la pratique, en définissant les principales variables et leurs relations, et en offrant une perspective cohérente pour interpréter les données et les phénomènes.

Conseil toltèque :
Selon les accords toltèques, vous devriez toujours faire de votre mieux pour développer et utiliser un cadre conceptuel en étant impeccable avec vos mots. Soyez clair et précis dans vos définitions et vos explications, et évitez les ambiguïtés. Ne prenez rien personnellement ; soyez ouvert aux critiques constructives et aux nouvelles idées qui peuvent enrichir votre cadre conceptuel. Ne faites pas de suppositions ; basez vos analyses et conclusions sur des données fiables et vérifiables. Faites toujours de votre mieux pour réviser et améliorer votre cadre conceptuel, en restant curieux et en cherchant constamment à approfondir votre compréhension du sujet. En appliquant ces principes, vous pouvez créer un cadre conceptuel robuste et utile qui guidera efficacement vos recherches et vos pratiques.

Campagne de dénigrement

Définition :
Une campagne de dénigrement est une série d'actions intentionnelles visant à discréditer, humilier ou nuire à la réputation d'une personne ou d'une organisation. Cela peut inclure la diffusion de fausses informations, des attaques personnelles, des critiques injustes et la manipulation des perceptions publiques pour causer un préjudice. Ces campagnes sont souvent motivées par des conflits personnels, professionnels ou politiques.

Conseil toltèque :
Selon les accords toltèques, vous devriez toujours faire de votre mieux pour gérer une campagne de dénigrement en étant impeccable avec vos mots. Répondez aux attaques avec vérité et intégrité, en évitant les réactions émotionnelles excessives. Ne prenez rien personnellement ; les actions des autres reflètent leurs propres peurs et insécurités, et non votre valeur réelle. Ne faites pas de suppositions ; basez votre réponse sur des faits vérifiables et soyez prêt à clarifier les malentendus. Faites toujours de votre mieux pour maintenir votre dignité et votre calme, en recherchant le soutien de personnes de confiance et en prenant des mesures pour protéger votre réputation. En appliquant ces principes, vous pouvez naviguer une campagne de dénigrement avec résilience et assurance, minimisant son impact négatif.

Casuistique

Définition :
La casuistique est une méthode de résolution de problèmes éthiques en analysant des cas particuliers et en appliquant des principes moraux ou juridiques pour déterminer la meilleure action à entreprendre. Elle repose sur l'examen minutieux des circonstances spécifiques de chaque cas et l'utilisation de précédents pour guider la prise de décision.

Conseil toltèque :
Selon les accords toltèques, vous devriez toujours faire de votre mieux pour pratiquer la casuistique en étant impeccable avec vos mots. Abordez chaque cas avec honnêteté et précision, en tenant compte de tous les détails pertinents. Ne prenez rien personnellement ; cherchez à comprendre les situations sans préjugés et sans laisser vos émotions influencer votre jugement. Ne faites pas de suppositions ; basez vos conclusions sur des preuves solides et des principes éthiques clairs. Faites toujours de votre mieux pour être juste et équilibré dans votre analyse, en cherchant des solutions qui respectent les valeurs morales et les droits de toutes les parties impliquées. En appliquant ces principes, vous pouvez utiliser la casuistique pour résoudre des dilemmes éthiques de manière équitable et éclairée.

Complexe de Cendrillon

Définition :
Le complexe de Cendrillon est un terme psychologique décrivant une peur inconsciente de l'indépendance chez certaines femmes, qui les pousse à rechercher un partenaire fort et protecteur pour prendre soin d'elles et les sauver des difficultés. Ce complexe peut limiter leur développement personnel et professionnel, les rendant dépendantes des autres pour leur sécurité et leur bonheur.

Conseil toltèque :
Selon les accords toltèques, vous devriez toujours faire de votre mieux pour surmonter le complexe de Cendrillon en étant impeccable avec vos mots. Reconnaissez vos propres forces et capacités, et exprimez vos aspirations avec confiance. Ne prenez rien personnellement ; comprenez que le désir de soutien et de sécurité est naturel, mais qu'il ne doit pas entraver votre autonomie et votre croissance. Ne faites pas de suppositions sur votre incapacité à être indépendante ; croyez en votre potentiel et prenez des mesures pour développer vos compétences et votre confiance en vous. Faites toujours de votre mieux pour cultiver l'indépendance et l'auto-suffisance, en recherchant des opportunités d'apprentissage et de développement personnel. En appliquant ces principes, vous pouvez surmonter le

complexe de Cendrillon et vivre une vie plus épanouissante et autonome.

Cercle vertueux

Définition :
Un cercle vertueux est un cycle de comportements ou d'événements positifs qui se renforcent mutuellement, conduisant à des améliorations continues et à un bien-être accru. Chaque action positive dans le cycle stimule d'autres actions positives, créant une dynamique de progrès et de croissance. Les cercles vertueux peuvent se produire dans divers domaines, tels que la santé, les relations, le développement personnel et la performance professionnelle.
Conseil toltèque :
Selon les accords toltèques, vous devriez toujours faire de votre mieux pour favoriser un cercle vertueux en étant impeccable avec vos mots et vos actions. Cultivez des habitudes positives et encourageantes qui soutiennent votre bien-être et votre croissance. Ne prenez rien personnellement ; appréciez les petites victoires et les progrès, même s'ils ne sont pas immédiatement reconnus par les autres. Ne faites pas de suppositions sur les résultats ; concentrez-vous sur les actions que vous pouvez contrôler et laissez les effets positifs se manifester naturellement. Faites toujours de votre mieux pour maintenir une attitude positive et proactive, en recherchant constamment des moyens d'améliorer et d'enrichir votre vie. En appliquant ces principes, vous pouvez créer et maintenir des cercles vertueux qui vous mèneront vers une vie plus épanouissante et réussie.

Cercle vicieux

Définition :
Un cercle vicieux est un cycle de comportements ou d'événements négatifs qui se renforcent mutuellement, conduisant à une détérioration continue et à une aggravation des problèmes. Chaque action ou événement négatif dans le cycle stimule d'autres actions ou événements négatifs, créant une spirale descendante difficile à interrompre. Les cercles vicieux peuvent se produire dans divers

domaines, tels que la santé, les relations, le développement personnel et la performance professionnelle.

Conseil toltèque :
Selon les accords toltèques, vous devriez toujours faire de votre mieux pour briser un cercle vicieux en étant impeccable avec vos mots et vos actions. Reconnaissez les schémas négatifs et prenez des mesures concrètes pour les interrompre. Ne prenez rien personnellement ; comprenez que les erreurs et les échecs sont des opportunités d'apprentissage et de croissance. Ne faites pas de suppositions sur votre incapacité à changer ; croyez en votre capacité à transformer votre situation et à créer des dynamiques positives. Faites toujours de votre mieux pour adopter des habitudes constructives et chercher du soutien lorsque nécessaire. En appliquant ces principes, vous pouvez renverser les cercles vicieux et créer des cercles vertueux qui favoriseront votre bien-être et votre succès.

Chagrin

Définition :
Le chagrin est une profonde tristesse et douleur émotionnelle causée par une perte ou une déception significative. Il peut se manifester par des pleurs, une sensation de vide, et une difficulté à trouver du réconfort. Le chagrin est une réaction naturelle aux expériences difficiles et nécessite du temps et du soutien pour être surmonté.

Conseil toltèque :
Selon les accords toltèques, vous devriez toujours faire de votre mieux pour traverser le chagrin en étant impeccable avec vos mots. Exprimez votre tristesse et votre douleur de manière honnête

et sans honte, que ce soit à travers des discussions, l'écriture ou d'autres formes d'expression. Ne prenez rien personnellement ; comprenez que le chagrin fait partie de l'expérience humaine et ne diminue en rien votre valeur. Ne faites pas de suppositions sur le temps nécessaire pour guérir ; chaque personne a son propre rythme et il est important de respecter votre propre processus de deuil. Faites toujours de votre mieux pour prendre soin de vous pendant cette période, en recherchant le soutien de vos proches, en pratiquant des activités qui apportent du réconfort, et en permettant à vos émotions de s'exprimer librement. En appliquant ces principes, vous pouvez traverser le chagrin avec résilience et trouver une paix intérieure progressive.

Charge mentale

Définition :
La charge mentale est le poids cognitif et émotionnel associé à la gestion des tâches quotidiennes, des responsabilités et des préoccupations. Elle inclut la planification, l'organisation et la coordination des activités personnelles et familiales, souvent de manière invisible et continue. La charge mentale peut entraîner de la fatigue, du stress et un sentiment de surcharge lorsqu'elle devient excessive ou déséquilibrée.

Conseil toltèque :
Selon les accords toltèques, vous devriez toujours faire de votre mieux pour gérer la charge mentale en étant impeccable avec vos mots. Exprimez clairement vos besoins et vos limites, en communiquant de manière ouverte avec les personnes de votre entourage. Ne prenez rien personnellement ; comprenez que la charge mentale est une réalité commune et que demander de l'aide ou du soutien ne diminue en rien votre capacité ou votre valeur. Ne faites pas de suppositions sur la répartition des responsabilités ; discutez ouvertement des tâches et recherchez des solutions équilibrées. Faites toujours de votre mieux pour organiser vos activités de manière réaliste, en déléguant lorsque possible et en prenant soin de votre bien-être mental et émotionnel. En appliquant ces principes, vous pouvez réduire la charge mentale et créer un environnement plus harmonieux et équilibré pour vous-même et vos proches.

Circuit de la récompense

Définition :
Le circuit de la récompense est un ensemble de structures neuronales dans le cerveau qui sont responsables de la motivation, du plaisir et du renforcement. Ce système est activé par des stimuli gratifiants, tels

que la nourriture, le sexe, ou des comportements sociaux, et il joue un rôle crucial dans la formation des habitudes et des addictions. En termes simples, il s'agit du mécanisme par lequel notre cerveau nous incite à répéter des comportements qui augmentent nos chances de survie et de reproduction.

Conseil toltèque :

Selon les accords toltèques, vous devriez être conscient de la manière dont le circuit de la récompense influence vos actions et vos décisions. En étant impeccable avec vos mots, vous pouvez éviter de vous critiquer ou de vous juger durement pour vos envies et vos habitudes. Ne prenez rien personnellement lorsque vous ressentez le besoin de récompense, car ces sensations sont naturelles et universelles. Évitez de faire des suppositions sur votre valeur basée sur vos succès ou échecs dans la quête de récompenses. Faites toujours de votre mieux pour choisir des comportements qui nourrissent votre bien-être sans vous causer de tort. En cultivant la pleine conscience et en appliquant ces accords, vous pourrez mieux comprendre et gérer vos motivations, en trouvant un équilibre sain entre plaisir et discipline.

Closure

Définition :

Le closure, ou fermeture émotionnelle, est le processus par lequel une personne parvient à accepter et à mettre fin à une situation ou une relation émotionnellement difficile ou inachevée. Cela implique de trouver un sens ou une résolution intérieure, permettant ainsi de passer à autre chose sans ressentiment ou regret persistant.

Conseil toltèque :

Selon les accords toltèques, vous devriez chercher à atteindre la fermeture émotionnelle en étant impeccable avec vos mots, en ne prenant rien personnellement, en évitant les suppositions et en faisant toujours de votre mieux. Utilisez des mots honnêtes et bienveillants envers vous-même et les autres pour exprimer vos sentiments et votre besoin de closure. Ne prenez pas personnellement les actions ou les mots des autres impliqués dans la situation, car leur comportement est le reflet de leurs propres croyances et émotions. Évitez de faire des suppositions sur les motivations des autres et concentrez-vous sur votre propre guérison. En faisant de votre mieux pour traiter la situation avec sagesse et compassion, vous pourrez trouver la paix intérieure et avancer de manière positive.

Codépendance

Définition :
La codépendance est une condition émotionnelle et comportementale dans laquelle une personne permet à une autre, souvent un partenaire ou un membre de la famille, de maintenir des comportements dysfonctionnels ou addictifs. La personne codépendante cherche souvent à contrôler ou à « sauver » l'autre, au détriment de son propre bien-être et de son indépendance.

Conseil toltèque :
Selon les accords toltèques, vous devriez aborder la codépendance en étant impeccable avec vos mots, en ne prenant rien personnellement, en évitant les suppositions et en faisant toujours de votre mieux. Soyez honnête avec vous-même et avec les autres sur vos besoins et vos limites. Ne prenez pas personnellement les comportements de la personne avec qui vous êtes codépendant, car leurs actions sont le reflet de leurs propres luttes internes. Évitez de supposer que vous êtes responsable de leur bonheur ou de leur guérison. Faites de votre mieux pour vous concentrer sur votre propre croissance et bien-être, et rappelez-vous que la véritable aide vient de l'encouragement à l'autonomie et à la responsabilité personnelle. En appliquant ces principes, vous pouvez vous libérer de la codépendance et construire des relations plus saines et équilibrées.

Colère

Définition :
La colère est une émotion intense qui survient en réponse à une perception de menace, de frustration ou d'injustice. Elle peut se manifester de manière physique, verbale ou passive, et, si elle n'est pas gérée, peut conduire à des comportements destructeurs.

Conseil toltèque :
Selon les accords toltèques, vous devriez gérer la colère en étant impeccable avec vos mots, en ne prenant rien personnellement, en évitant les suppositions et en faisant toujours de votre mieux. Lorsque vous ressentez de la colère, exprimez-la de manière constructive et sans blesser les autres, en choisissant des mots qui reflètent vos sentiments sans accusations. Ne prenez pas les actions ou les mots des autres personnellement, car leur comportement est souvent le reflet de leurs propres émotions et croyances. Évitez de faire des suppositions sur les intentions des autres, et cherchez plutôt à comprendre la situation avec clarté. Faites de votre mieux pour rester calme et trouver des solutions positives. En appliquant ces accords, vous pouvez transformer la colère en une force positive pour le changement et la croissance personnelle.

Compersion

Définition :
La compersion est un sentiment de joie que l'on éprouve en voyant le bonheur ou le succès de quelqu'un d'autre, souvent en relation avec une expérience de bonheur amoureux partagé. C'est l'opposé de la jalousie, et cela implique un soutien sincère et désintéressé du bonheur des autres.

Conseil toltèque :
Selon les accords toltèques, vous devriez cultiver la compersion en étant impeccable avec vos mots, en ne prenant rien personnellement, en évitant les suppositions et en faisant toujours de votre mieux. Exprimez votre joie pour les autres avec des mots sincères et bienveillants. Ne prenez pas personnellement les succès ou le bonheur des autres, car leur bonheur ne diminue en rien votre propre valeur. Évitez de faire des suppositions négatives sur leurs intentions ou sur la manière dont leurs succès pourraient vous affecter. Faites de votre mieux pour célébrer les réussites des autres avec un cœur ouvert. En appliquant ces principes, vous pourrez renforcer vos relations et vivre dans un état de bonheur et de contentement partagé.

Complexe d'infériorité

Définition :
Le complexe d'infériorité est un sentiment persistant d'inadéquation et de manque de valeur personnelle par rapport aux autres. Il se manifeste par une estime de soi faible, des doutes constants sur ses capacités et un besoin de validation extérieure. Ce sentiment peut résulter de comparaisons fréquentes avec les autres, de critiques passées ou de croyances limitantes profondément ancrées.

Conseil toltèque :
Selon les accords toltèques, vous devriez surmonter le complexe d'infériorité en étant impeccable avec vos mots, en ne prenant rien personnellement, en évitant les suppositions et en faisant toujours de votre mieux. Commencez par utiliser des mots positifs et encourageants envers vous-même, en remplaçant les critiques internes par des affirmations de valeur et de capacité. Ne prenez pas les jugements ou les critiques des autres personnellement, car ils reflètent souvent leurs propres insécurités et peurs. Évitez de supposer que vous devez correspondre à une image de perfection pour être digne de respect et d'amour. Faites de votre mieux pour vous accepter tel que vous êtes, avec vos forces et vos faiblesses. En appliquant ces principes, vous pourrez développer une estime de soi plus solide et authentique, basée sur l'acceptation de soi et la confiance en vos capacités uniques.

Complexe de supériorité

Définition :
Le complexe de supériorité est un état psychologique dans lequel une personne a une opinion excessivement élevée de sa propre valeur et de ses capacités par rapport aux autres. Cela peut se manifester par de l'arrogance, un besoin de dominer ou de rabaisser les autres, et une incapacité à reconnaître ses propres faiblesses ou erreurs.

Conseil toltèque :
Selon les accords toltèques, vous devriez aborder le complexe de supériorité en étant impeccable avec vos mots, en ne prenant rien

personnellement, en évitant les suppositions et en faisant toujours de votre mieux. Utilisez des mots qui reflètent l'humilité et le respect envers les autres, en reconnaissant que chacun a des talents et des faiblesses uniques. Ne prenez pas les éloges ou les critiques comme des vérités absolues sur votre valeur, car elles sont souvent influencées par les perceptions subjectives des autres. Évitez de supposer que vous êtes intrinsèquement supérieur ou inférieur à quiconque. Faites de votre mieux pour traiter tout le monde avec égalité et respect, en reconnaissant la dignité et la valeur inhérentes à chaque individu. En adoptant ces attitudes, vous pouvez cultiver des relations plus harmonieuses et une vision de soi plus équilibrée.

Concept de soi

Définition :
Le concept de soi est la perception qu'une personne a d'elle-même, incluant ses croyances sur ses attributs, ses capacités, ses valeurs et son rôle dans le monde. Il est formé à travers les expériences personnelles, les interactions sociales et les introspections.

Conseil toltèque :
Selon les accords toltèques, vous devriez développer un concept de soi sain en étant impeccable avec vos mots, en ne prenant rien personnellement, en évitant les suppositions et en faisant toujours de votre mieux. Soyez honnête et positif dans la façon dont vous vous décrivez et vous parlez à vous-même. Ne laissez pas les opinions ou les actions des autres définir qui vous êtes, car votre valeur intrinsèque ne dépend pas de l'approbation extérieure. Évitez de supposer que vous devez correspondre à certaines attentes ou standards pour être accepté. Faites de votre mieux pour explorer et comprendre vos véritables valeurs, passions et talents, et acceptez-vous pleinement. En intégrant ces accords, vous pouvez construire un concept de soi basé sur l'authenticité, l'acceptation et l'amour de soi.

Conditionnement

Définition :
Le conditionnement est un processus par lequel des comportements, des croyances et des réponses émotionnelles sont appris à travers l'interaction avec l'environnement et les expériences répétées. Cela peut inclure des influences conscientes et inconscientes provenant de la famille, de la société, de l'éducation et des médias.

Conseil toltèque :
Selon les accords toltèques, vous devriez examiner et, si nécessaire, reconditionner vos croyances et comportements en étant impeccable avec vos mots, en ne prenant rien personnellement, en évitant les suppositions et en faisant toujours de votre mieux. Utilisez des mots qui encouragent des pensées et des actions positives et constructives. Ne prenez pas pour acquis que vous devez rester prisonnier des croyances ou des comportements que vous avez appris dans le passé. Évitez de supposer que ce qui a été vrai pour vous autrefois doit le rester. Faites de votre mieux pour identifier et transformer les conditionnements qui ne servent plus votre bien-être ou votre croissance personnelle. En appliquant ces principes, vous pouvez créer de nouveaux schémas de pensée et de comportement qui reflètent vos véritables aspirations et valeurs.

Confiance

Définition :
La confiance est un sentiment de sécurité et de certitude en soi-même ou en autrui, basé sur des expériences positives et la crédibilité. Elle se manifeste par une assurance dans ses actions, ses décisions et ses relations.

Conseil toltèque :
Selon les accords toltèques, vous devriez renforcer la confiance en étant impeccable avec vos mots, en ne prenant rien personnellement, en évitant les suppositions et en faisant toujours de votre mieux. Parlez-vous avec respect et encouragement, en affirmant vos capacités et votre valeur. Ne laissez pas les échecs ou les critiques

ébranler votre confiance, car ils font partie intégrante de l'apprentissage et de la croissance. Évitez de supposer que les autres doutent de vous ou que vous n'êtes pas capable. Faites de votre mieux pour agir avec intégrité et authenticité, en restant fidèle à vos valeurs et en vous fixant des objectifs réalistes. En intégrant ces accords, vous pouvez développer une confiance solide et résiliente qui vous soutiendra dans tous les aspects de votre vie.

Confiance en soi (psychologie)

Définition :
La confiance en soi, en psychologie, est la conviction en sa propre valeur et ses capacités. Elle se traduit par une attitude positive face aux défis, une résilience face aux échecs et une volonté d'entreprendre des actions pour atteindre ses objectifs.

Conseil toltèque :
Selon les accords toltèques, vous devriez nourrir la confiance en soi en étant impeccable avec vos mots, en ne prenant rien personnellement, en évitant les suppositions et en faisant toujours de votre mieux. Utilisez des affirmations positives pour renforcer votre perception de vos capacités. Ne prenez pas les revers ou les critiques comme des reflets de votre valeur personnelle. Évitez de faire des suppositions sur vos limites sans les tester réellement. Faites toujours de votre mieux en chaque situation, en acceptant que l'effort et l'apprentissage sont plus importants que le résultat final. En appliquant ces principes, vous pouvez construire une confiance en soi durable et authentique.

Connaissance de soi

Définition :
La connaissance de soi est la compréhension profonde de ses propres émotions, pensées, valeurs, motivations et comportements. Elle implique une réflexion continue et honnête sur ses expériences et ses réactions.

Conseil toltèque :
Selon les accords toltèques, vous devriez approfondir la
connaissance de soi en étant impeccable avec vos mots, en ne
prenant rien personnellement, en évitant les suppositions et en
faisant toujours de votre mieux. Pratiquez l'introspection avec
honnêteté et compassion, en reconnaissant vos forces et vos
faiblesses sans jugement. Ne laissez pas les opinions des autres
influencer votre perception de vous-même. Évitez de supposer que
vous vous connaissez parfaitement sans exploration continue. Faites
de votre mieux pour rester ouvert aux nouvelles expériences et aux
enseignements qu'elles peuvent offrir. En appliquant ces principes,
vous pouvez développer une compréhension plus profonde et plus
nuancée de vous-même, facilitant votre croissance personnelle et
votre épanouissement.

Connexion émotionnelle

Définition :
La connexion émotionnelle est le lien profond et authentique qui se
crée entre les individus lorsqu'ils partagent et comprennent
mutuellement leurs émotions. Elle repose sur l'empathie, la
communication ouverte et la confiance.

Conseil toltèque :
Selon les accords toltèques, vous devriez favoriser la connexion
émotionnelle en étant impeccable avec vos mots, en ne prenant rien
personnellement, en évitant les suppositions et en faisant toujours de
votre mieux. Communiquez vos sentiments de manière honnête et
claire, en utilisant des mots qui reflètent votre véritable expérience
émotionnelle. Ne prenez pas les réactions des autres comme des
jugements sur vous-même, mais comme des expressions de leurs
propres émotions et perspectives. Évitez de supposer que les autres
comprennent automatiquement vos sentiments sans les exprimer.
Faites de votre mieux pour être présent et à l'écoute, en offrant un
espace sûr et non-jugeant pour les émotions des autres. En adoptant
ces pratiques, vous pouvez renforcer vos liens émotionnels et créer
des relations plus profondes et plus significatives.

Contradiction interne

Définition :
La contradiction interne est le conflit qui survient lorsque des croyances, des valeurs ou des désirs opposés coexistent en une personne. Ce conflit peut provoquer de l'indécision, de l'anxiété et une sensation de désalignement avec soi-même.

Conseil toltèque :
Selon les accords toltèques, vous devriez résoudre les contradictions internes en étant impeccable avec vos mots, en ne prenant rien personnellement, en évitant les suppositions et en faisant toujours de votre mieux. Soyez honnête avec vous-même sur vos véritables sentiments et désirs, et utilisez des mots qui clarifient plutôt que compliquent votre compréhension de ces contradictions. Ne prenez pas les conflits internes comme des faiblesses personnelles, mais comme des opportunités de croissance et d'apprentissage. Évitez de supposer que vous devez immédiatement résoudre toutes les contradictions sans exploration ni réflexion. Faites de votre mieux pour écouter et comprendre les différentes parties de vous-même, en recherchant un équilibre qui honore vos valeurs et aspirations profondes. En intégrant ces principes, vous pouvez naviguer les contradictions internes avec plus de clarté et de compassion envers vous-même.

Contrainte de participation

Définition :
La contrainte de participation se réfère à la pression exercée sur un individu pour qu'il participe à une activité ou un événement, souvent contre sa volonté ou sans son consentement libre et éclairé. Cela peut survenir dans divers contextes, tels que le travail, les relations sociales ou familiales, où la personne ressent l'obligation de se conformer aux attentes des autres pour éviter des conflits ou des répercussions négatives.

Conseil toltèque :
Selon les accords toltèques, vous devriez aborder la contrainte de participation en étant impeccable avec vos mots, en ne prenant rien personnellement, en évitant les suppositions et en faisant toujours de votre mieux. Exprimez clairement et honnêtement vos limites et vos besoins, sans craindre de déplaire ou de provoquer des réactions négatives. Ne prenez pas personnellement les tentatives des autres de vous contraindre à participer, car elles reflètent souvent leurs propres peurs et attentes. Évitez de supposer que vous devez toujours dire oui pour être accepté ou aimé. Faites de votre mieux pour respecter vos propres besoins et valeurs, en trouvant des moyens de participer qui vous conviennent ou en refusant poliment mais fermement lorsque nécessaire. En appliquant ces principes, vous pourrez mieux gérer les pressions extérieures et maintenir votre intégrité personnelle.

Coping

Définition :
Le coping est l'ensemble des stratégies et des mécanismes que les individus utilisent pour gérer le stress et les défis de la vie quotidienne. Cela inclut des techniques émotionnelles, cognitives et comportementales pour faire face à des situations difficiles, réduire l'anxiété et maintenir le bien-être.

Conseil toltèque :
Selon les accords toltèques, vous devriez renforcer vos stratégies de coping en étant impeccable avec vos mots, en ne prenant rien personnellement, en évitant les suppositions et en faisant toujours de votre mieux. Utilisez des mots positifs et encourageants pour vous parler à vous-même, en cultivant une attitude de compassion et de soutien personnel. Ne prenez pas les situations stressantes ou les échecs comme des reflets de votre valeur personnelle. Évitez de supposer que vous ne pouvez pas surmonter les défis sans essayer diverses approches et techniques. Faites de votre mieux pour adopter des pratiques de coping saines, telles que la méditation, l'exercice, ou parler avec des amis de confiance. En intégrant ces principes, vous pouvez améliorer votre résilience face au stress et maintenir un équilibre émotionnel.

Crise d'adolescence

Définition :
La crise d'adolescence est une période de transition intense entre l'enfance et l'âge adulte, caractérisée par des changements physiques, émotionnels et sociaux. Les adolescents peuvent éprouver des conflits d'identité, des luttes pour l'indépendance et des fluctuations émotionnelles, souvent exacerbés par les attentes et les pressions externes.

Conseil toltèque :
Selon les accords toltèques, vous devriez traverser la crise d'adolescence en étant impeccable avec vos mots, en ne prenant rien personnellement, en évitant les suppositions et en faisant toujours de votre mieux. Parlez-vous et parlez aux autres avec respect et honnêteté, en reconnaissant les défis uniques de cette période. Ne prenez pas les critiques ou les malentendus trop personnellement, car ils font souvent partie des tensions naturelles de cette phase. Évitez de supposer que vos expériences ou sentiments ne sont pas valides ou que vous devez répondre à toutes les attentes. Faites de votre mieux pour explorer et comprendre vos propres valeurs et désirs, en cultivant la patience et l'ouverture d'esprit. En appliquant ces accords, vous pouvez naviguer cette période de manière plus équilibrée et constructive, favorisant une transition saine vers l'âge adulte.

Crise de la masculinité

Définition :
La crise de la masculinité est une phase où les hommes remettent en question les rôles traditionnels, les attentes sociétales et leur propre identité masculine. Cela peut être déclenché par des changements culturels, des défis personnels ou des évolutions dans les relations et la carrière, conduisant à une introspection sur ce que signifie être un homme dans la société contemporaine.

Conseil toltèque :
Selon les accords toltèques, vous devriez aborder la crise de la masculinité en étant impeccable avec vos mots, en ne prenant rien personnellement, en évitant les suppositions et en faisant toujours de votre mieux. Utilisez des mots qui reflètent votre véritable expérience et vos sentiments, sans céder à la pression de se conformer aux stéréotypes. Ne prenez pas personnellement les jugements ou les attentes des autres concernant votre identité. Évitez de faire des suppositions sur ce que vous "devriez" être ou comment vous "devriez" agir. Faites de votre mieux pour définir et embrasser votre propre conception de la masculinité, en accord avec vos valeurs et votre bien-être. En intégrant ces principes, vous pouvez trouver un sens plus profond et personnel à votre identité masculine.

Crise de la quarantaine

Définition :
La crise de la quarantaine est une période de réflexion et de transition souvent vécue vers l'âge de 40 ans, où les individus réévaluent leurs réalisations, leurs aspirations et le sens de leur vie. Elle peut se manifester par des sentiments d'insatisfaction, de regret ou d'angoisse existentielle, ainsi que par des changements importants dans la carrière, les relations et les modes de vie.

Conseil toltèque :
Selon les accords toltèques, vous devriez aborder la crise de la quarantaine en étant impeccable avec vos mots, en ne prenant rien personnellement, en évitant les suppositions et en faisant toujours de votre mieux. Parlez-vous avec compassion et encouragement, en reconnaissant vos réussites et en acceptant les imperfections. Ne prenez pas les sentiments de regret ou d'insatisfaction comme des échecs personnels, mais comme des invitations à la croissance. Évitez de faire des suppositions sur ce que vous auriez dû accomplir ou comment votre vie aurait dû se dérouler. Faites de votre mieux pour explorer de nouvelles passions, redéfinir vos objectifs et embrasser les opportunités de changement. En appliquant ces principes, vous pouvez transformer cette période de crise en une phase de renouveau et d'épanouissement personnel.

Crise existentielle

Définition :
La crise existentielle est une période de profonde introspection et de questionnement sur le sens de la vie, les valeurs personnelles et le but de l'existence. Elle peut être déclenchée par des événements majeurs, des changements de vie ou une insatisfaction générale, conduisant à une recherche de compréhension et de direction.

Conseil toltèque :
Selon les accords toltèques, vous devriez naviguer une crise existentielle en étant impeccable avec vos mots, en ne prenant rien personnellement, en évitant les suppositions et en faisant toujours de votre mieux. Utilisez des mots qui expriment honnêtement vos sentiments et vos réflexions, sans autocritique excessive. Ne prenez pas les moments de doute ou de confusion comme des reflets de votre valeur personnelle. Évitez de supposer que vous devez avoir toutes les réponses immédiatement. Faites de votre mieux pour explorer différentes philosophies, parler avec des personnes de confiance et engager des activités qui nourrissent votre esprit et votre âme. En appliquant ces accords, vous pouvez trouver des perspectives et des significations nouvelles, transformant la crise en une opportunité de croissance spirituelle et de découverte de soi.

Cuirasse caractérielle

Définition :
La cuirasse caractérielle est un ensemble de défenses psychologiques et émotionnelles développées pour se protéger des blessures et des traumatismes passés. Ces défenses peuvent se manifester par des comportements rigides, un manque de flexibilité émotionnelle et des difficultés à établir des relations authentiques.

Conseil toltèque :
Selon les accords toltèques, vous devriez aborder la cuirasse caractérielle en étant impeccable avec vos mots, en ne prenant rien personnellement, en évitant les suppositions et en faisant toujours de votre mieux. Parlez de vos expériences et de vos émotions de manière

ouverte et honnête, sans jugement. Ne prenez pas les réactions de défense comme des échecs personnels, mais comme des mécanismes de protection développés dans le passé. Évitez de supposer que vous ne pouvez pas changer ou guérir. Faites de votre mieux pour pratiquer la vulnérabilité et la transparence dans vos relations, et cherchez des méthodes de guérison telles que la thérapie ou la méditation. En intégrant ces principes, vous pouvez progressivement dissoudre votre cuirasse caractérielle et vivre avec plus de liberté et d'authenticité.

Culpabilité

Définition :
La culpabilité est un sentiment de responsabilité ou de remords ressenti lorsqu'une personne croit avoir commis une faute ou causé du tort à autrui. Elle peut être constructive lorsqu'elle conduit à la réparation et à l'amélioration, mais destructrice lorsqu'elle devient excessive et paralyse l'individu.

Conseil toltèque :
Selon les accords toltèques, vous devriez gérer la culpabilité en étant impeccable avec vos mots, en ne prenant rien personnellement, en évitant les suppositions et en faisant toujours de votre mieux. Reconnaissez vos erreurs avec honnêteté et cherchez à les réparer, sans vous juger durement. Ne prenez pas la culpabilité comme une preuve de votre inaptitude ou de votre valeur personnelle. Évitez de supposer que vous devez être parfait pour être digne

d'amour et de respect. Faites de votre mieux pour apprendre de vos erreurs et pour agir avec intégrité à l'avenir. En appliquant ces principes, vous pouvez transformer la culpabilité en une force de croissance et de transformation personnelle.

Curiosité morbide

Définition :
La curiosité morbide est une fascination pour des sujets macabres, violents ou tragiques, souvent motivée par un désir de comprendre des aspects sombres de l'expérience humaine. Cette curiosité peut

être nourrie par les médias, les histoires de crimes ou les récits de catastrophes, et peut parfois indiquer un besoin de confronter des peurs ou des aspects de soi-même que l'on trouve effrayants.

Conseil toltèque :
Selon les accords toltèques, vous devriez aborder la curiosité morbide en étant impeccable avec vos mots, en ne prenant rien personnellement, en évitant les suppositions et en faisant toujours de votre mieux. Soyez honnête sur les raisons de votre curiosité et les sentiments qu'elle éveille en vous. Ne prenez pas cette curiosité comme un signe de mauvais caractère, mais comme une opportunité de comprendre et d'intégrer des aspects difficiles de la vie. Évitez de supposer que cette fascination doit être réprimée ou cachée. Faites de votre mieux pour explorer ces sujets avec une perspective équilibrée et un désir d'apprentissage, plutôt que de simple voyeurisme. En intégrant ces principes, vous pouvez utiliser votre curiosité pour approfondir votre compréhension de la condition humaine et de votre propre psyché.

Déception

Définition :
La déception est un sentiment de désillusion qui survient lorsque les attentes ou les espoirs ne sont pas satisfaits. Cela peut être lié à des événements, des actions d'autrui ou à des résultats personnels. La déception découle souvent de nos propres attentes non réalistes ou des présomptions que nous avons faites. En examinant et en ajustant nos attentes, nous pouvons réduire l'impact de la déception sur notre bien-être émotionnel.

Conseil toltèque :
Selon les accords toltèques, vous devriez vous efforcer de ne pas prendre les déceptions personnellement. Souvenez-vous que ce qui cause votre déception est souvent une histoire que vous vous racontez. En pratiquant le premier accord, soyez impeccable avec vos mots envers vous-même et les autres, en exprimant vos attentes clairement et honnêtement. Le deuxième accord vous encourage à ne pas prendre les choses personnellement ; les actions et les résultats

ne sont pas toujours le reflet de votre valeur personnelle. Le troisième accord vous rappelle de ne pas faire de suppositions. Clarifiez vos attentes et posez des questions pour éviter les malentendus. Enfin, le quatrième accord, faites toujours de votre mieux, vous aide à accepter la déception comme une partie naturelle de la vie et à avancer avec résilience et sagesse.

Défense (mécanisme)

Définition :
Un mécanisme de défense est une réaction psychologique inconsciente qui protège un individu contre l'anxiété ou la réalité désagréable. Ces mécanismes peuvent inclure le déni, la projection, la rationalisation et bien d'autres. Bien qu'ils puissent offrir un soulagement temporaire, s'appuyer excessivement sur ces mécanismes peut entraver la croissance personnelle et la compréhension de soi.

Conseil toltèque :
Selon les accords toltèques, vous devriez être conscient de vos mécanismes de défense et les examiner avec honnêteté. Le premier accord vous invite à être impeccable avec vos mots, y compris ceux que vous vous dites à vous-même. Reconnaître vos véritables sentiments et motivations sans jugement peut diminuer la nécessité de ces défenses. Le deuxième accord, ne prenez rien personnellement, vous aide à comprendre que les critiques et les conflits ne sont pas toujours des attaques contre votre personne, mais souvent des reflets des luttes des autres. Le troisième accord, ne faites pas de suppositions, vous encourage à rechercher la vérité au lieu de vous cacher derrière des défenses. Et avec le quatrième accord, faites toujours de votre mieux, vous pouvez travailler activement à comprendre et à surmonter vos mécanismes de défense, ce qui mène à une plus grande maturité émotionnelle et une meilleure résilience.

Délicatesse

Définition :
La délicatesse est une qualité de douceur et de considération dans les interactions avec les autres. Elle implique une sensibilité aux sentiments et aux besoins des autres, et se manifeste par des actions et des paroles bienveillantes. La délicatesse est aussi la capacité de gérer des situations avec tact et respect, évitant ainsi de blesser ou d'offenser.

Conseil toltèque :
Selon les accords toltèques, vous devriez cultiver la délicatesse en étant impeccable avec vos mots. Cela signifie parler avec soin et intention, en choisissant des mots qui apportent soutien et encouragement. Le deuxième accord, ne prenez rien personnellement, vous aide à agir avec délicatesse sans être affecté par les réactions négatives des autres. Le troisième accord, ne faites pas de suppositions, vous incite à clarifier les intentions et les émotions des autres au lieu de supposer, ce qui renforce la compréhension et l'empathie. Enfin, avec le quatrième accord, faites toujours de votre mieux, vous pouvez vous engager à pratiquer la délicatesse dans toutes vos interactions, en créant un environnement harmonieux et respectueux autour de vous.

Dépaysement

Définition :
Le dépaysement est le sentiment d'être désorienté ou hors de son élément habituel, souvent ressenti lors d'un changement d'environnement culturel ou géographique. Ce sentiment peut être à la fois excitant et déroutant, offrant des opportunités de croissance personnelle et de découverte, tout en présentant des défis d'adaptation.

Conseil toltèque :
Selon les accords toltèques, vous devriez embrasser le dépaysement comme une occasion de croissance et d'apprentissage. Soyez impeccable avec vos mots en exprimant vos ressentis et en cherchant

à comprendre les nouvelles cultures et environnements sans jugement. Ne prenez rien personnellement, car le choc culturel ou les différences que vous ressentez ne sont pas des attaques contre votre identité. Ne faites pas de suppositions sur les nouvelles situations ou les comportements des autres ; posez des questions et soyez curieux pour apprendre et vous adapter. Enfin, faites toujours de votre mieux pour vous acclimater et profiter de ces expériences, en voyant le dépaysement comme une chance de découvrir de nouvelles perspectives et de développer une résilience et une ouverture d'esprit accrues.

Dépression

Définition :
La dépression est un trouble de l'humeur caractérisé par une tristesse persistante, une perte d'intérêt pour les activités autrefois appréciées et divers symptômes physiques et émotionnels. Elle peut affecter profondément la vie quotidienne et nécessite souvent une approche thérapeutique pour être gérée efficacement.

Conseil toltèque :
Selon les accords toltèques, vous devriez aborder la dépression avec compassion et patience envers vous-même. Soyez impeccable avec vos mots en reconnaissant vos sentiments sans jugement et en évitant les pensées négatives autodestructrices. Ne prenez rien personnellement ; comprenez que la dépression est une condition médicale et non un reflet de votre valeur personnelle. Ne faites pas de suppositions sur votre incapacité à guérir ou sur la perception des autres à votre égard ; cherchez de l'aide et des informations précises. Faites toujours de votre mieux, en prenant des mesures pour vous soigner, que ce soit par la thérapie, les médicaments, le soutien social ou des pratiques de bien-être. Acceptez que faire de votre mieux peut varier de jour en jour, et que chaque effort compte vers votre rétablissement.

Désensibilisation

Définition :
La désensibilisation est un processus par lequel une personne devient moins sensible ou réactive à un stimulus après une exposition répétée. Cela peut être utilisé intentionnellement en thérapie pour réduire des réponses émotionnelles négatives à des situations stressantes ou traumatiques. Cependant, la désensibilisation peut aussi se produire de manière involontaire, par exemple, lorsqu'une personne devient insensible à la violence après y avoir été trop souvent exposée dans les médias.

Conseil toltèque :
Selon les accords toltèques, vous devriez être conscient de votre désensibilisation et la traiter avec soin. Le premier accord, soyez impeccable avec vos mots, vous rappelle de reconnaître et de verbaliser vos émotions honnêtement. Ne prenez rien personnellement, le deuxième accord, vous aide à comprendre que votre désensibilisation n'est pas un défaut personnel mais une réponse humaine à des stimuli répétitifs. Le troisième accord, ne faites pas de suppositions, vous encourage à rester curieux et ouvert, en évitant de conclure hâtivement que vous ne pouvez plus ressentir. Enfin, faites toujours de votre mieux, le quatrième accord, vous aide à travailler activement sur la reconnexion avec vos émotions et à rechercher des environnements et des pratiques qui favorisent cette reconnexion, comme la méditation, la thérapie ou des activités créatives.

Désespoir

Définition :
Le désespoir est un état émotionnel profond caractérisé par une perte de foi ou d'espoir en l'avenir. Il peut survenir à la suite d'échecs répétés, de pertes importantes ou de difficultés accablantes. Le désespoir entraîne souvent un sentiment de détresse et de déconnexion de la vie.

Conseil toltèque :

Selon les accords toltèques, vous devriez aborder le désespoir avec compassion et détermination. Soyez impeccable avec vos mots en évitant les discours internes négatifs et en vous rappelant que vous avez de la valeur. Ne prenez rien personnellement, y compris les situations difficiles ; elles ne sont pas un reflet de votre valeur intrinsèque. Ne faites pas de suppositions sur votre avenir basé sur des expériences passées ; chaque jour est une nouvelle opportunité. Faites toujours de votre mieux pour trouver des sources d'espoir et de soutien, qu'il s'agisse de relations, de projets ou de pratiques spirituelles. Petit à petit, en intégrant ces accords, vous pouvez transformer le désespoir en une force de résilience et de renouveau.

Désintégration positive

Définition :
La désintégration positive est un concept en psychologie qui décrit un processus où une personne traverse des crises ou des troubles, mais utilise ces expériences comme des opportunités de croissance et de développement personnel. Plutôt que de se désagréger de manière destructrice, l'individu restructure ses valeurs et son identité de manière plus mature et authentique.

Conseil toltèque :
Selon les accords toltèques, vous devriez voir les moments de crise comme des opportunités de transformation positive. Soyez impeccable avec vos mots en reconnaissant vos sentiments sans jugement et en communiquant vos besoins clairement. Ne prenez rien personnellement ; les défis que vous rencontrez ne définissent pas qui vous êtes mais sont des étapes de votre chemin de vie. Ne faites pas de suppositions sur vos capacités à surmonter ces crises ; croyez en votre potentiel de croissance. Faites toujours de votre mieux en vous engageant pleinement dans le processus de transformation, en cherchant activement des moyens d'apprendre et de grandir à partir de vos expériences.

Désir mimétique

Définition :
Le désir mimétique est un concept qui explique comment les désirs des individus sont souvent influencés par les désirs des autres. Plutôt que de désirer quelque chose de manière autonome, on désire ce que l'on voit les autres désirer, ce qui peut mener à la compétition, à l'envie et à des conflits.

Conseil toltèque :
Selon les accords toltèques, vous devriez prendre conscience de vos désirs et évaluer leur origine. Soyez impeccable avec vos mots en exprimant honnêtement ce que vous souhaitez vraiment, indépendamment des influences extérieures. Ne prenez rien personnellement ; le désir mimétique est une dynamique humaine naturelle et ne diminue pas votre valeur personnelle. Ne faites pas de suppositions sur ce que vous devez désirer pour être heureux ou accompli ; explorez vos véritables passions et intérêts. Faites toujours de votre mieux pour suivre votre propre chemin, en restant fidèle à vos valeurs et en respectant les désirs authentiques qui viennent de votre cœur, pas de la comparaison avec les autres.

Détachement

Définition :
Le détachement est un état d'esprit dans lequel une personne reste émotionnellement stable et équilibrée, sans être excessivement affectée par les événements extérieurs ou les attachements personnels. C'est la capacité de rester calme et centré, même en présence de situations difficiles ou de relations complexes.

Conseil toltèque :
Selon les accords toltèques, vous devriez cultiver le détachement comme une forme de sagesse et de paix intérieure. Soyez impeccable avec vos mots en ne permettant pas aux émotions négatives de dicter vos actions ou vos discours. Ne prenez rien personnellement, ce qui est essentiel pour maintenir un état de détachement ; rappelez-vous que les comportements et opinions des autres ne vous définissent

pas. Ne faites pas de suppositions ; permettez-vous de voir les situations telles qu'elles sont, sans les filtres de l'attachement émotionnel. Faites toujours de votre mieux pour pratiquer le détachement, en vous concentrant sur votre propre croissance et bien-être, tout en restant ouvert et bienveillant envers les autres.

Développement personnel

Définition :
Le développement personnel est un processus de croissance continue visant à améliorer ses compétences, ses connaissances, son caractère et sa compréhension de soi. Cela inclut l'apprentissage de nouvelles compétences, l'amélioration de sa santé mentale et physique, et l'exploration de son potentiel.

Conseil toltèque :
Selon les accords toltèques, vous devriez aborder le développement personnel avec intention et conscience. Soyez impeccable avec vos mots en définissant clairement vos objectifs et en vous encourageant positivement. Ne prenez rien personnellement ; le chemin du développement personnel est unique à chacun et n'est pas un concours avec les autres. Ne faites pas de suppositions sur ce que vous pouvez ou ne pouvez pas accomplir ; explorez vos capacités avec curiosité et ouverture. Faites toujours de votre mieux pour progresser chaque jour, même par de petites actions, en honorant votre engagement à devenir la meilleure version de vous-même.

Dissociation

Définition :
La dissociation est un mécanisme de défense psychologique où une personne se déconnecte de ses pensées, sentiments, souvenirs ou de son sens de l'identité. Cela peut se manifester comme une réponse à un traumatisme ou à un stress intense, permettant à l'individu de se protéger émotionnellement.

Conseil toltèque :
Selon les accords toltèques, vous devriez aborder la dissociation avec compassion et compréhension. Soyez impeccable avec vos mots en reconnaissant ce que vous ressentez sans honte ni jugement. Ne prenez rien personnellement ; la dissociation est une réaction à des situations difficiles et non une faiblesse de caractère. Ne faites pas de suppositions sur votre capacité à guérir ; cherchez un soutien professionnel et des méthodes de gestion qui peuvent vous aider à vous reconnecter avec vous-même. Faites toujours de votre mieux pour travailler sur votre guérison, en étant patient et gentil avec vous-même tout au long du processus.

Double contrainte

Définition :
Une double contrainte est une situation où une personne reçoit des messages contradictoires qui rendent impossible une réponse appropriée. Ce type de communication paradoxale peut causer de la confusion et du stress, car toute action semble entraîner une conséquence négative.

Conseil toltèque :
Selon les accords toltèques, vous devriez naviguer les doubles contraintes avec clarté et intégrité. Soyez impeccable avec vos mots en cherchant à clarifier les contradictions et en communiquant vos ressentis de manière honnête. Ne prenez rien personnellement ; les contradictions dans les messages que vous recevez sont souvent le reflet des conflits internes des autres. Ne faites pas de suppositions ; posez des questions pour obtenir des explications et réduire la confusion. Faites toujours de votre mieux pour trouver une solution équilibrée, en restant fidèle à vos valeurs et en évitant de vous laisser piéger par des situations contradictoires.

Doxodrame

Définition :
Un doxodrame est un terme rare qui désigne un conflit ou une dispute provoquée par des opinions divergentes ou des croyances fortement

ancrées. Ces conflits peuvent surgir dans des contextes personnels, professionnels ou sociaux.

Conseil toltèque :
Selon les accords toltèques, vous devriez aborder les doxodrames avec calme et sagesse. Soyez impeccable avec vos mots en respectant les opinions des autres et en exprimant les vôtres de manière claire et respectueuse. Ne prenez rien personnellement ; les conflits d'opinions sont souvent le reflet de la diversité des perspectives et non une attaque personnelle. Ne faites pas de suppositions sur les intentions des autres ; cherchez à comprendre leur point de vue par le dialogue et l'écoute active. Faites toujours de votre mieux pour désamorcer les tensions et trouver des terrains d'entente, en valorisant la communication ouverte et la compréhension mutuelle.

Dumbo (Effet)

Définition :
L'effet Dumbo est un terme inspiré du personnage de Disney, Dumbo, l'éléphant volant. Il fait référence à l'idée que la croyance en une capacité, même si elle est basée sur quelque chose d'irrationnel ou de symbolique (comme la plume magique de Dumbo), peut effectivement aider à réaliser cette capacité.

Conseil toltèque :
Selon les accords toltèques, vous devriez utiliser l'effet Dumbo de manière positive et consciente. Soyez impeccable avec vos mots en renforçant vos croyances positives et en vous encourageant. Ne prenez rien personnellement ; les outils ou symboles que vous utilisez pour renforcer votre confiance sont des moyens pour accéder à votre potentiel. Ne faites pas de suppositions sur vos limites ; croyez en vos capacités et utilisez des symboles de soutien si cela vous aide. Faites toujours de votre mieux pour cultiver la confiance en vous, en trouvant et en utilisant des ancrages positifs qui vous encouragent à réaliser vos objectifs et à dépasser vos peurs.

Écoute active

Définition :

L'écoute active est une technique de communication où l'auditeur se concentre pleinement sur le locuteur, comprenant son message, répondant de manière réfléchie et retenant les informations importantes. Cela implique de montrer de l'empathie, de poser des questions clarificatrices et de refléter les sentiments et les idées de l'autre personne, facilitant ainsi une meilleure compréhension et une communication plus efficace.

Conseil toltèque :

Selon les accords toltèques, vous devriez pratiquer l'écoute active en étant impeccable avec vos mots. Cela signifie écouter sans juger et répondre avec des mots qui encouragent et soutiennent l'autre personne. Ne prenez rien personnellement ; comprenez que ce que dit l'autre personne peut être influencé par ses propres expériences et émotions. Ne faites pas de suppositions ; posez des questions pour clarifier et comprendre pleinement le message de l'autre. Faites toujours de votre mieux pour rester présent et attentif lors de vos conversations, en créant un espace où chacun se sent entendu et respecté. Cette approche renforcera vos relations et encouragera une communication honnête et ouverte.

Égocentrisme

Définition :

L'égocentrisme est une attitude où une personne se préoccupe principalement de ses propres besoins et perspectives, souvent au détriment des autres. Les personnes égocentriques ont tendance à voir le monde uniquement à travers leur propre point de vue et peuvent avoir du mal à reconnaître ou à valoriser les besoins et les sentiments des autres.

Conseil toltèque :

Selon les accords toltèques, vous devriez travailler à réduire l'égocentrisme en étant impeccable avec vos mots. Pratiquez l'écoute et l'expression de manière à inclure et respecter les perspectives des autres. Ne prenez rien personnellement ; comprenez que chaque personne a ses propres défis et expériences qui influencent son comportement. Ne faites pas de suppositions sur les intentions des autres ; recherchez activement à comprendre leur point de vue. Faites toujours de votre mieux pour cultiver l'empathie et la compréhension, en valorisant les relations équilibrées et respectueuses où les besoins de chacun sont pris en compte. Cela favorisera des interactions plus harmonieuses et enrichissantes.

Égoïsme

Définition :
L'égoïsme est un comportement où une personne met ses propres intérêts et besoins avant ceux des autres, souvent sans considération pour les conséquences sur autrui. Les personnes égoïstes agissent principalement en fonction de ce qui leur apporte un avantage personnel, parfois au détriment des relations et du bien-être collectif.

Conseil toltèque :
Selon les accords toltèques, vous devriez équilibrer vos besoins personnels avec ceux des autres. Soyez impeccable avec vos mots en communiquant vos besoins clairement tout en écoutant et respectant ceux des autres. Ne prenez rien personnellement ; le comportement égoïste des autres ne doit pas influencer votre propre conduite. Ne faites pas de suppositions sur ce que vous méritez ou sur ce que les autres devraient vous offrir ; cherchez à établir des relations basées sur la réciprocité et le respect mutuel. Faites toujours de votre mieux pour agir avec générosité et considération, en contribuant au bien-être de votre communauté et en créant des liens plus solides et satisfaisants.

Égotisme

Définition :
L'égotisme est une attitude excessive d'auto-importance, où une personne surestime ses propres capacités, réalisations ou importance. Cela peut se manifester par des comportements vaniteux, un besoin constant de validation et un manque de reconnaissance des contributions des autres.

Conseil toltèque :
Selon les accords toltèques, vous devriez pratiquer l'humilité et la gratitude pour contrer l'égotisme. Soyez impeccable avec vos mots en valorisant sincèrement les réalisations et les qualités des autres. Ne prenez rien personnellement ; la validation externe n'est pas nécessaire pour reconnaître votre propre valeur. Ne faites pas de suppositions sur votre supériorité ou votre importance ; chacun a des qualités uniques et précieuses. Faites toujours de votre mieux pour collaborer et apprécier les contributions de tous, en développant des relations basées sur le respect mutuel et la reconnaissance des forces individuelles. Cela enrichira vos interactions et renforcera votre sentiment de connexion et de communauté.

Empathie

Définition :
L'empathie est la capacité de comprendre et de partager les sentiments d'une autre personne. Cela implique de se mettre à la place de l'autre, de reconnaître et de valider ses émotions, et de répondre de manière bienveillante et compréhensive. L'empathie est essentielle pour établir des relations profondes et authentiques.

Conseil toltèque :
Selon les accords toltèques, vous devriez cultiver l'empathie en étant impeccable avec vos mots, en écoutant attentivement et en répondant avec compassion. Ne prenez rien personnellement ; les émotions et les expériences des autres ne sont pas un reflet de vous-même mais de leur propre parcours. Ne faites pas de suppositions sur ce que les autres ressentent ou pensent ; demandez et écoutez pour vraiment comprendre leur perspective. Faites toujours de votre mieux pour être présent et attentif, en offrant votre soutien sans jugement et en créant des espaces où les autres se sentent compris et respectés. Cela enrichira vos relations et apportera plus de paix et de connexion dans votre vie.

Énaction

Définition :
L'énaction est un concept en science cognitive qui décrit la manière dont la cognition se produit à travers les interactions dynamiques entre un organisme et son environnement. Plutôt que de voir la cognition comme un processus uniquement interne, l'énaction souligne l'importance de l'action et de la perception en contexte.

Conseil toltèque :
Selon les accords toltèques, vous devriez embrasser l'énaction en étant conscient de vos interactions avec le monde. Soyez impeccable avec vos mots et vos actions, en reconnaissant que vos pensées et comportements influencent et sont influencés par votre environnement. Ne prenez rien personnellement ; comprenez que les dynamiques entre vous et votre environnement ne sont pas des jugements de valeur mais des processus naturels. Ne faites pas de suppositions sur les résultats de vos actions sans tenir compte du contexte. Faites toujours de votre mieux pour agir de manière consciente et alignée avec vos valeurs, en adaptant vos actions pour créer des interactions positives et significatives.

Endophasie

Définition :
L'endophasie, ou discours intérieur, est la conversation silencieuse que nous avons avec nous-mêmes. C'est un processus mental où nous réfléchissons, planifions, et résolvons des problèmes en utilisant un langage interne.

Conseil toltèque :
Selon les accords toltèques, vous devriez cultiver une endophasie positive et constructive. Soyez impeccable avec vos mots, même ceux que vous vous dites à vous-même, en utilisant un discours intérieur qui vous soutient et vous encourage. Ne prenez rien personnellement ; les pensées négatives ne définissent pas qui vous êtes mais reflètent souvent des peurs ou des jugements internes. Ne faites pas de suppositions sur vos capacités basées sur des pensées négatives ;

défiez ces pensées en recherchant des preuves positives. Faites toujours de votre mieux pour nourrir un discours intérieur qui est bienveillant, réaliste et motivant, afin de renforcer votre confiance en vous et votre bien-être émotionnel.

Enrichissement environnemental

Définition :
L'enrichissement environnemental consiste à modifier et à améliorer l'environnement d'un individu pour stimuler son bien-être physique et mental. Cela peut inclure des changements dans l'espace physique, des activités stimulantes, et des interactions sociales enrichissantes.

Conseil toltèque :
Selon les accords toltèques, vous devriez chercher à enrichir votre environnement de manière consciente et intentionnelle. Soyez impeccable avec vos mots et vos actions pour créer un espace qui reflète vos valeurs et soutient votre bien-être. Ne prenez rien personnellement ; les défis environnementaux ne sont pas des reflets de votre valeur personnelle mais des opportunités de croissance. Ne faites pas de suppositions sur ce qui constitue un environnement enrichissant pour vous ; expérimentez et observez ce qui vous apporte joie et sérénité. Faites toujours de votre mieux pour améliorer votre environnement, en ajoutant des éléments qui inspirent et élèvent votre esprit, et en cultivant des relations qui nourrissent votre âme.

Épanouissement émotionnel

Définition :
L'épanouissement émotionnel est l'état de bien-être et de satisfaction personnelle qui résulte de l'équilibre émotionnel, de la réalisation de soi et de relations harmonieuses. Cela implique une croissance constante dans la gestion des émotions et le développement personnel.

Conseil toltèque :
Selon les accords toltèques, vous devriez travailler activement à votre épanouissement émotionnel. Soyez impeccable avec vos mots en exprimant vos émotions de manière honnête et respectueuse. Ne

prenez rien personnellement ; comprenez que les émotions négatives sont souvent le reflet de blessures passées et non de votre valeur présente. Ne faites pas de suppositions sur votre capacité à gérer vos émotions ; développez des stratégies de gestion émotionnelle qui vous conviennent. Faites toujours de votre mieux pour nourrir votre bien-être émotionnel, en cultivant des habitudes et des relations qui soutiennent votre croissance et votre bonheur.

Épistémologie génétique

Définition :
L'épistémologie génétique est une théorie développée par Jean Piaget qui étudie la manière dont les connaissances humaines se développent et évoluent à travers le processus de croissance cognitive, particulièrement chez les enfants.

Conseil toltèque :
Selon les accords toltèques, vous devriez aborder l'apprentissage et le développement cognitif avec curiosité et ouverture. Soyez impeccable avec vos mots en vous encourageant et en valorisant votre parcours d'apprentissage. Ne prenez rien personnellement ; les défis cognitifs sont des opportunités de croissance et non des indications de limitation. Ne faites pas de suppositions sur vos capacités intellectuelles ; explorez et expérimentez pour découvrir votre potentiel. Faites toujours de votre mieux pour apprendre et évoluer, en adoptant une attitude de découverte et de plaisir dans l'acquisition de nouvelles connaissances et compétences.

Épuisement du moi

Définition :
L'épuisement du moi est un état de fatigue mentale et émotionnelle résultant d'un effort prolongé pour maintenir l'autocontrôle ou pour faire face à des situations stressantes. Cet état peut diminuer la capacité d'un individu à réguler ses émotions et à prendre des décisions réfléchies.

Conseil toltèque :

Selon les accords toltèques, vous devriez reconnaître les signes d'épuisement du moi et y répondre avec bienveillance. Soyez impeccable avec vos mots en vous accordant la permission de prendre des pauses et de vous reposer. Ne prenez rien personnellement ; l'épuisement est une réponse naturelle aux défis et aux efforts continus. Ne faites pas de suppositions sur votre capacité à rebondir ; donnez-vous le temps et les soins nécessaires pour récupérer. Faites toujours de votre mieux pour équilibrer vos efforts et votre repos, en pratiquant des activités de régénération telles que la méditation, l'exercice physique, et des loisirs agréables, afin de maintenir votre bien-être global.

Estime de soi

Définition :
L'estime de soi est la perception et l'évaluation qu'une personne a de sa propre valeur. Une bonne estime de soi implique une reconnaissance de ses qualités et de ses capacités, ainsi qu'une acceptation de ses défauts et de ses limites.

Conseil toltèque :
Selon les accords toltèques, vous devriez cultiver une estime de soi saine et positive. Soyez impeccable avec vos mots en vous parlant avec gentillesse et respect. Ne prenez rien personnellement ; les critiques des autres ne définissent pas votre valeur. Ne faites pas de suppositions sur vos compétences ou votre valeur basées sur des échecs ou des jugements extérieurs ; reconnaissez vos succès et apprenez de vos expériences. Faites toujours de votre mieux pour renforcer votre estime de soi, en prenant soin de vous physiquement, émotionnellement et spirituellement, et en vous entourant de personnes qui vous soutiennent et vous valorisent.

État de conscience minimal

Définition :
L'état de conscience minimal est un niveau de conscience où les fonctions cognitives et la perception de soi sont réduites au minimum, souvent en raison de conditions médicales ou de traumatismes. Dans

cet état, la personne peut avoir une conscience limitée de son environnement et de ses actions.

Conseil toltèque :
Selon les accords toltèques, vous devriez chercher à maintenir et à enrichir votre état de conscience. Soyez impeccable avec vos mots en cultivant des pensées positives et conscientes. Ne prenez rien personnellement ; des fluctuations dans la conscience peuvent se produire naturellement et ne diminuent pas votre valeur. Ne faites pas de suppositions sur vos capacités basées sur des moments de faible conscience ; travaillez à améliorer votre attention et votre présence. Faites toujours de votre mieux pour rester connecté à votre environnement et à vous-même, en pratiquant des activités qui stimulent votre conscience, comme la méditation, la pleine conscience, et l'engagement actif dans des expériences de vie enrichissantes.

États du Moi

Définition :
Les états du Moi sont des concepts en analyse transactionnelle qui décrivent les différentes facettes de la personnalité d'un individu. Ils comprennent l'état du Moi Enfant, l'état du Moi Parent et l'état du Moi Adulte, chacun représentant différents aspects de nos comportements et attitudes.

Conseil toltèque :
Selon les accords toltèques, vous devriez prendre conscience de vos différents états du Moi et les harmoniser. Soyez impeccable avec vos mots en reconnaissant et en validant les besoins
et les sentiments de chaque état du Moi. Ne prenez rien personnellement ; les conflits internes entre ces états ne diminuent pas votre valeur personnelle. Ne faites pas de suppositions sur les motivations de vos comportements ; explorez et comprenez les origines de vos réactions. Faites toujours de votre mieux pour équilibrer vos états du Moi, en utilisant les forces de chacun pour naviguer les défis de la vie avec sagesse et compassion. Cela

favorisera une intégration harmonieuse de votre personnalité et renforcera votre bien-être global.

Étayage

Définition :
L'étayage est un concept en psychologie qui fait référence aux supports temporaires fournis à une personne pour l'aider à développer des compétences ou à accomplir des tâches qu'elle ne peut pas encore réaliser de manière autonome. Ces supports sont graduellement retirés à mesure que la personne devient plus compétente.

Conseil toltèque :
Selon les accords toltèques, vous devriez accepter et apprécier les étayages dans votre vie comme des outils de croissance. Soyez impeccable avec vos mots en exprimant vos besoins de soutien sans honte. Ne prenez rien personnellement ; accepter de l'aide ne diminue pas votre valeur ou votre capacité. Ne faites pas de suppositions sur vos compétences basées sur le besoin de soutien ; voyez-le comme une étape vers l'autonomie. Faites toujours de votre mieux pour utiliser les étayages de manière constructive, en apprenant et en grandissant jusqu'à ce que vous puissiez accomplir vos tâches de manière indépendante et confiante.

Exaspération

Définition :
L'exaspération est un sentiment intense de frustration et d'irritation, souvent causé par des situations répétitives ou des comportements persistants. Ce sentiment peut mener à des réactions émotionnelles fortes et à une perte de patience.

Conseil toltèque :
Selon les accords toltèques, vous devriez gérer l'exaspération avec calme et réflexion. Soyez impeccable avec vos mots en exprimant vos frustrations de manière constructive et respectueuse. Ne prenez rien personnellement ; les situations qui vous exaspèrent ne sont pas

nécessairement des attaques contre vous. Ne faites pas de suppositions sur les intentions des autres ; cherchez à comprendre les causes sous-jacentes de la situation. Faites toujours de votre mieux pour maintenir votre calme et trouver des solutions efficaces, en prenant des pauses si nécessaire et en utilisant des techniques de gestion du stress pour éviter que l'exaspération ne vous submerge.

Facteur g

Définition :
Le facteur g, ou intelligence générale, est un concept en psychologie qui fait référence à une capacité cognitive globale qui sous-tend les performances intellectuelles de divers domaines, tels que la résolution de problèmes, la compréhension verbale, et la mémoire de travail. Cette capacité générale est souvent mesurée par des tests de QI et est considérée comme un indicateur clé du potentiel intellectuel.

Conseil toltèque :
Selon les accords toltèques, vous devriez aborder le concept du facteur g avec une ouverture d'esprit et une reconnaissance de votre propre potentiel. Soyez impeccable avec vos mots, en vous rappelant que votre valeur ne se limite pas à une mesure de votre intelligence. Ne prenez rien personnellement ; les tests et les évaluations ne définissent pas qui vous êtes. Ne faites pas de suppositions sur vos capacités basées uniquement sur ces mesures ; explorez et développez vos compétences de manière holistique. Faites toujours de votre mieux pour utiliser vos capacités intellectuelles de manière constructive et positive, en valorisant vos efforts et en vous engageant dans un apprentissage continu.

Familialisme

Définition :
Le familialisme est un système de valeurs qui met l'accent sur l'importance de la famille en tant qu'unité centrale de la société. Il prône le dévouement, la loyauté et le soutien mutuel au sein de la famille, souvent au détriment des besoins individuels pour le bien-être collectif familial.

Conseil toltèque :
Selon les accords toltèques, vous devriez valoriser le familialisme tout en équilibrant les besoins individuels et collectifs. Soyez impeccable avec vos mots en communiquant ouvertement et honnêtement avec les membres de votre famille. Ne prenez rien personnellement ; les dynamiques familiales complexes ne reflètent pas toujours votre valeur personnelle. Ne faites pas de suppositions sur les attentes familiales ; clarifiez les besoins et les désirs de chacun. Faites toujours de votre mieux pour soutenir votre famille tout en respectant vos propres limites et en honorant vos besoins personnels. Cela permettra de créer un environnement familial harmonieux et épanouissant pour tous.

Faux consensus (Effet de)

Définition :
L'effet de faux consensus est un biais cognitif qui conduit les individus à croire que leurs opinions, croyances et comportements sont plus répandus et partagés par les autres qu'ils ne le sont réellement. Cela peut conduire à des malentendus et à une surestimation de l'accord social.

Conseil toltèque :
Selon les accords toltèques, vous devriez reconnaître et corriger l'effet de faux consensus en adoptant une perspective plus ouverte et curieuse. Soyez impeccable avec vos mots en exprimant clairement vos opinions tout en étant ouvert à celles des autres. Ne prenez rien personnellement ; les désaccords ne diminuent pas votre valeur ou la validité de vos opinions. Ne faites pas de suppositions sur les croyances des autres ; posez des questions et écoutez activement pour comprendre leurs perspectives. Faites toujours de votre mieux pour cultiver des échanges respectueux et enrichissants, en acceptant la diversité des opinions et en élargissant votre compréhension du monde.

Faux souvenirs

Définition :
Les faux souvenirs sont des souvenirs d'événements ou de détails qui ne se sont pas réellement produits ou qui sont déformés par rapport à la réalité. Ce phénomène peut être influencé par des suggestions, des informations erronées ou des biais cognitifs.

Conseil toltèque :
Selon les accords toltèques, vous devriez aborder les faux souvenirs avec un esprit ouvert et une volonté de comprendre la nature subjective de la mémoire. Soyez impeccable avec vos mots en reconnaissant la possibilité d'erreurs dans vos souvenirs sans vous juger durement. Ne prenez rien personnellement ; les faux souvenirs sont des phénomènes courants et ne reflètent pas une faille personnelle. Ne faites pas de suppositions sur la précision de vos souvenirs ou ceux des autres ; vérifiez les faits et soyez ouvert à la réévaluation. Faites toujours de votre mieux pour clarifier et comprendre les événements passés, en utilisant des discussions ouvertes et honnêtes pour reconstruire une image plus précise de la réalité.

Fenêtre de Johari

Définition :
La fenêtre de Johari est un outil de communication et de compréhension de soi qui aide à mieux connaître ses comportements, attitudes et émotions en fonction de ce qui est connu ou inconnu de soi-même et des autres. Elle se divise en quatre quadrants : l'aire ouverte, l'aire cachée, l'aire aveugle et l'aire inconnue.

Conseil toltèque :
Selon les accords toltèques, vous devriez utiliser la fenêtre de Johari pour enrichir votre connaissance de soi et améliorer vos relations. Soyez impeccable avec vos mots en partageant ouvertement et honnêtement ce que vous ressentez et pensez, afin d'élargir l'aire ouverte. Ne prenez rien personnellement ; les réactions des autres à vos révélations peuvent être influencées par leurs propres perceptions et expériences. Ne faites pas de suppositions sur ce que les autres

savent ou pensent de vous ; invitez les feedbacks constructifs et soyez réceptif. Faites toujours de votre mieux pour être authentique et vulnérable, en travaillant à réduire l'aire cachée et aveugle, tout en restant curieux et ouvert à la découverte de l'aire inconnue.

Fierté

Définition :
La fierté est un sentiment de satisfaction et de contentement résultant de ses propres réalisations, capacités ou qualités. C'est une reconnaissance de sa valeur et de ses accomplissements, souvent associée à un sentiment de dignité et de respect de soi.

Conseil toltèque :
Selon les accords toltèques, vous devriez célébrer votre fierté de manière saine et équilibrée. Soyez impeccable avec vos mots en vous reconnaissant et en vous félicitant pour vos réussites sans arrogance. Ne prenez rien personnellement ; les réactions des autres à votre fierté ne diminuent pas la valeur de vos réalisations. Ne faites pas de suppositions sur la nécessité de validation externe ; votre propre appréciation de vos efforts est suffisante. Faites toujours de votre mieux pour cultiver une fierté basée sur des actions et des qualités authentiques, en restant humble et en valorisant également les accomplissements des autres.

Flèche descendante

Définition :
La flèche descendante est une technique utilisée en thérapie cognitive pour identifier les croyances sous-jacentes à des pensées négatives ou des comportements problématiques. En posant des questions répétées sur les pensées initiales, on peut descendre progressivement vers les croyances fondamentales qui influencent ces pensées.

Conseil toltèque :
Selon les accords toltèques, vous devriez utiliser la flèche descendante pour explorer et comprendre vos croyances profondes. Soyez impeccable avec vos mots en posant des questions honnêtes et en étant prêt à affronter des vérités inconfortables. Ne prenez rien personnellement ; découvrir des croyances négatives ne diminue pas votre valeur. Ne faites pas de suppositions sur vos croyances sans les examiner ; utilisez cette technique pour révéler et reconsidérer les fondements de vos pensées. Faites toujours de votre mieux pour transformer les croyances limitantes en perspectives positives et constructives, en intégrant des accords qui vous soutiennent et vous élèvent.

Flexibilité

Définition :
La flexibilité est la capacité de s'adapter et de s'ajuster aux changements, aux nouvelles situations et aux défis. Elle implique une ouverture d'esprit, une volonté d'apprendre et de s'adapter, ainsi qu'une résilience face aux obstacles.

Conseil toltèque :
Selon les accords toltèques, vous devriez cultiver la flexibilité pour naviguer les défis de la vie avec grâce et résilience. Soyez impeccable avec vos mots en restant ouvert et réceptif aux nouvelles idées et perspectives. Ne prenez rien personnellement ; les changements et les défis ne sont pas des attaques contre votre stabilité mais des opportunités de croissance. Ne faites pas de suppositions sur vos capacités à vous adapter ; ayez confiance en votre résilience et votre capacité à apprendre. Faites toujours de votre mieux pour rester flexible, en embrassant le changement comme une partie naturelle de la vie et en vous adaptant avec courage et créativité.

Flow

Définition :
Le flow est un état mental dans lequel une personne est complètement immergée dans une activité, avec une concentration et

une implication totale. Cet état est souvent associé à un sentiment de bonheur, de maîtrise et de réalisation optimale.

Conseil toltèque :
Selon les accords toltèques, vous devriez chercher à atteindre l'état de flow en vous engageant pleinement dans vos passions et vos activités. Soyez impeccable avec vos mots en vous encourageant et en éliminant les distractions. Ne prenez rien personnellement ; les interruptions et les obstacles ne doivent pas vous décourager mais vous motiver à persévérer. Ne faites pas de suppositions sur la difficulté d'atteindre le flow ; expérimentez différentes méthodes et trouvez ce qui fonctionne pour vous. Faites toujours de votre mieux pour rester présent et engagé dans vos activités, en cherchant des défis qui stimulent votre créativité et votre concentration, et en savourant l'expérience de la réalisation totale.

Force

Définition :
La force est la capacité de résister à des pressions ou des contraintes et de maintenir sa position malgré les défis. Elle peut être physique, mentale, émotionnelle ou spirituelle, et est souvent associée à la résilience et à la détermination.

Conseil toltèque :
Selon les accords toltèques, vous devriez honorer et développer votre force dans toutes ses dimensions. Soyez impeccable avec vos mots en reconnaissant vos forces et en vous félicitant pour votre résilience. Ne prenez rien personnellement ; les défis et les adversités ne diminuent pas votre valeur mais testent et renforcent votre force. Ne faites pas de suppositions sur vos limites ; explorez et repoussez-les avec courage et détermination. Faites toujours de votre mieux pour cultiver votre force, en prenant soin de votre corps, de votre esprit et de votre âme, et en affrontant les défis avec confiance et persévérance.

Frustration

Définition :
La frustration est un état émotionnel résultant de l'incapacité à atteindre un objectif ou à satisfaire un besoin. Elle peut être causée par des obstacles externes ou des limitations internes et est souvent accompagnée de sentiments de colère, de déception et de découragement.

Conseil toltèque :
Selon les accords toltèques, vous devriez gérer la frustration avec patience et réflexion. Soyez impeccable avec vos mots en exprimant vos sentiments de manière constructive et en cherchant des solutions. Ne prenez rien personnellement ; les obstacles ne sont pas des reflets de votre valeur ou de vos capacités. Ne faites pas de suppositions sur l'impossibilité de surmonter les défis ; explorez différentes approches et restez ouvert aux opportunités. Faites toujours de votre mieux pour transformer la frustration en motivation, en apprenant de chaque expérience et en persévérant avec détermination et optimisme.

Gaieté

Définition :
La gaieté est un état de joie, de légèreté et de bonne humeur. C'est une disposition positive qui se manifeste par des comportements et des attitudes joyeuses, souvent contagieuses pour ceux qui vous entourent.

Conseil toltèque :
Selon les accords toltèques, vous devriez cultiver la gaieté en trouvant des sources de joie et de plaisir dans votre quotidien. Soyez impeccable avec vos mots en partageant des paroles encourageantes et positives. Ne prenez rien personnellement ; les défis de la vie ne doivent pas diminuer votre capacité à éprouver de la joie. Ne faites pas de suppositions sur la difficulté de maintenir une attitude joyeuse ; recherchez activement des moments et des activités qui vous apportent du bonheur. Faites toujours de votre mieux pour rayonner de

gaieté, en inspirant et en élevant les autres par votre positivité et votre enthousiasme.

Générosité

Définition :
La générosité est la qualité d'être prêt à donner de son temps, de ses ressources ou de son soutien aux autres sans attendre en retour. Elle repose sur le désir sincère d'aider et de partager, créant des liens de solidarité et de bienveillance.

Conseil toltèque :
Selon les accords toltèques, vous devriez pratiquer la générosité de manière consciente et désintéressée. Soyez impeccable avec vos mots en offrant des encouragements et des compliments sincères. Ne prenez rien personnellement ; les réponses des autres à vos actes de générosité ne doivent pas influencer votre volonté de donner. Ne faites pas de suppositions sur ce que les autres pensent de votre générosité ; donnez parce que cela vous apporte de la joie et non pour obtenir de la reconnaissance. Faites toujours de votre mieux pour être généreux, en partageant ce que vous pouvez avec ceux qui en ont besoin et en cultivant un esprit de compassion et de solidarité.

Gentillesse

Définition :
La gentillesse est une qualité de bienveillance et de douceur dans les interactions avec les autres. Elle implique de montrer de l'empathie, de l'altruisme et un souci sincère du bien-être d'autrui.

Conseil toltèque :
Selon les accords toltèques, vous devriez pratiquer la gentillesse avec intention et constance. Soyez impeccable avec vos mots en utilisant un langage doux et encourageant. Ne prenez rien personnellement ; les réactions négatives à votre gentillesse reflètent souvent les luttes internes des autres. Ne faites pas de suppositions sur les intentions des autres ; pratiquez la gentillesse sans attente. Faites toujours de votre mieux pour être gentil, même dans des situations difficiles, en

contribuant à créer un environnement de respect et de soutien mutuel.

Gestion de l'impression

Définition :
La gestion de l'impression est l'effort conscient de contrôler l'image que l'on projette aux autres. Cela inclut les comportements, les paroles et les actions qui influencent la perception des autres à notre égard.

Conseil toltèque :
Selon les accords toltèques, vous devriez gérer votre impression en restant fidèle à vous-même. Soyez impeccable avec vos mots en étant authentique et honnête dans vos interactions. Ne prenez rien personnellement ; les opinions des autres sont souvent influencées par leurs propres expériences et perceptions. Ne faites pas de suppositions sur ce que les autres pensent de vous ; concentrez-vous sur votre propre intégrité et vos valeurs. Faites toujours de votre mieux pour projeter une image qui reflète réellement qui vous êtes, en vous libérant des attentes et des jugements externes.

Gourou (Effet)

Définition :
L'effet gourou est le phénomène où une personne accorde une grande autorité ou une influence disproportionnée à un individu perçu comme un expert ou un leader spirituel. Cela peut conduire à une dépendance aux conseils ou aux directives de cette figure.

Conseil toltèque :
Selon les accords toltèques, vous devriez reconnaître l'effet gourou et cultiver votre propre discernement. Soyez impeccable avec vos mots en vous exprimant clairement et en posant des questions. Ne prenez rien personnellement ; l'autorité perçue des autres ne doit pas diminuer votre propre valeur ou jugement. Ne faites pas de suppositions sur l'infaillibilité de ces figures d'autorité ; analysez leurs conseils de manière critique et prenez ce qui résonne avec vous.

Faites toujours de votre mieux pour développer votre propre sagesse et autonomie, en apprenant de diverses sources mais en faisant confiance à votre propre intuition et expérience.

Gratification différée

Définition :
La gratification différée est la capacité de résister à une récompense immédiate en faveur d'une récompense plus grande ou plus bénéfique à long terme. Cette capacité est souvent associée à la maîtrise de soi et à la planification à long terme.

Conseil toltèque :
Selon les accords toltèques, vous devriez pratiquer la gratification différée avec patience et perspective. Soyez impeccable avec vos mots en vous fixant des objectifs clairs et en vous encourageant à les atteindre. Ne prenez rien personnellement ; les défis et les tentations ne sont pas des échecs mais des opportunités d'apprentissage. Ne faites pas de suppositions sur la difficulté de retarder la gratification ; croyez en votre capacité à rester concentré et déterminé. Faites toujours de votre mieux pour équilibrer les récompenses immédiates et à long terme, en cultivant la patience et la résilience nécessaires pour atteindre vos objectifs les plus importants.

Gratitude

Définition :
La gratitude est le sentiment de reconnaissance et d'appréciation pour les aspects positifs de la vie. Elle implique de reconnaître les bienfaits reçus, qu'ils proviennent d'autres personnes, de circonstances ou de moments de bonheur.

Conseil toltèque :
Selon les accords toltèques, vous devriez cultiver la gratitude comme une pratique quotidienne. Soyez impeccable avec vos mots en exprimant régulièrement votre appréciation envers les autres et pour ce que vous avez. Ne prenez rien personnellement ; la gratitude ne dépend pas des circonstances extérieures mais de votre attitude intérieure. Ne faites pas de suppositions sur ce que vous méritez ;

reconnaissez et appréciez les petites et grandes bénédictions de votre vie. Faites toujours de votre mieux pour pratiquer la gratitude, en tenant un journal de gratitude, en méditant sur les aspects positifs de votre journée et en partageant votre gratitude avec les autres. Cela enrichira votre perspective de vie et vous apportera plus de paix et de satisfaction.

Guérisseur blessé

Définition :
Le guérisseur blessé est un concept qui décrit une personne qui, en raison de ses propres blessures et expériences de souffrance, est motivée à aider et à guérir les autres. Cette personne utilise sa propre douleur comme source de compassion et de compréhension.

Conseil toltèque :
Selon les accords toltèques, vous devriez embrasser le rôle du guérisseur blessé avec conscience et auto-compassion. Soyez impeccable avec vos mots en reconnaissant vos propres blessures et en travaillant à votre propre guérison. Ne prenez rien personnellement ; votre valeur ne diminue pas en raison de vos blessures mais est enrichie par votre capacité à transformer cette douleur en guérison pour vous-même et les autres. Ne faites pas de suppositions sur votre capacité à aider les autres ; utilisez votre expérience pour offrir un soutien authentique et empathique. Faites toujours de votre mieux pour équilibrer votre propre guérison et votre désir d'aider, en veillant à ne pas vous épuiser et en cherchant également du soutien pour vous-même lorsque nécessaire.

Hans le Malin (Effet)

Définition :
L'effet Hans le Malin est un phénomène où des signaux involontaires ou subtils de la part de l'expérimentateur influencent les réponses d'un sujet. Cet effet a été nommé d'après un cheval, Hans le Malin, qui semblait capable de résoudre des problèmes mathématiques mais qui en réalité réagissait aux signaux inconscients de son entraîneur.

Conseil toltèque :
Selon les accords toltèques, vous devriez être conscient de l'effet Hans le Malin et chercher à minimiser son influence dans vos interactions. Soyez impeccable avec vos mots et vos actions, en étant clair et transparent dans vos intentions. Ne prenez rien personnellement ; comprenez que les influences subtiles ne sont pas des reflets de votre valeur ou de votre capacité. Ne faites pas de suppositions sur les résultats ou les réponses sans une compréhension complète du contexte. Faites toujours de votre mieux pour communiquer et interagir de manière authentique et sans biais, en restant conscient des signaux que vous envoyez et de leur potentiel impact sur les autres.

Harcèlement

Définition :
Le harcèlement est un comportement répété et non désiré visant à intimider, humilier ou nuire à une personne. Il peut se manifester de manière verbale, physique, ou psychologique, et créer un environnement hostile pour la victime.

Conseil toltèque :
Selon les accords toltèques, vous devriez aborder le harcèlement avec courage et compassion. Soyez impeccable avec vos mots en dénonçant les comportements de harcèlement et en soutenant les victimes. Ne prenez rien personnellement ; le harcèlement est souvent une projection des insécurités et des peurs de l'agresseur. Ne faites pas de suppositions sur la capacité des victimes à se défendre ; offrez votre soutien et écoutez activement leurs expériences. Faites toujours de votre mieux pour créer un environnement sûr et respectueux, en encourageant des pratiques de communication saine et en intervenant lorsque vous êtes témoin de comportements inappropriés.

Harmonie

Définition :
L'harmonie est un état de paix et de concorde entre les individus, les groupes ou les éléments d'un ensemble. Elle implique un équilibre et une coopération mutuelle qui favorisent un environnement positif et équilibré.

Conseil toltèque :
Selon les accords toltèques, vous devriez chercher à cultiver l'harmonie dans tous les aspects de votre vie. Soyez impeccable avec vos mots en parlant avec douceur et en encourageant la coopération. Ne prenez rien personnellement ; les désaccords et les conflits ne sont pas des attaques contre vous mais des opportunités de compréhension et de croissance. Ne faites pas de suppositions sur les intentions des autres ; clarifiez vos communications et cherchez à comprendre les perspectives de chacun. Faites toujours de votre mieux pour favoriser l'harmonie, en respectant les besoins et les sentiments des autres tout en maintenant votre propre équilibre intérieur.

Haut potentiel émotionnel

Définition :
Le haut potentiel émotionnel désigne une capacité supérieure à comprendre, à gérer et à exprimer ses propres émotions ainsi que celles des autres. Cela inclut une sensibilité émotionnelle accrue, une grande empathie, et des compétences sociales avancées.
Conseil toltèque :
Selon les accords toltèques, vous devriez valoriser et cultiver votre haut potentiel émotionnel. Soyez impeccable avec vos mots en exprimant vos émotions de manière authentique et constructive. Ne prenez rien personnellement ; les réactions émotionnelles des autres sont souvent le reflet de leurs propres expériences et non de votre valeur personnelle. Ne faites pas de suppositions sur ce que vous ressentez ou ce que ressentent les autres ; pratiquez l'écoute active et posez des questions clarificatrices. Faites toujours de votre mieux

pour utiliser vos compétences émotionnelles de manière positive, en aidant les autres à comprendre et à gérer leurs émotions et en créant des relations harmonieuses et bienveillantes.

Haut potentiel intellectuel

Définition :
Le haut potentiel intellectuel fait référence à une capacité cognitive supérieure à la moyenne, souvent caractérisée par une grande curiosité, une pensée analytique avancée, et une aptitude à comprendre et à résoudre des problèmes complexes rapidement.

Conseil toltèque :
Selon les accords toltèques, vous devriez utiliser votre haut potentiel intellectuel avec humilité et responsabilité. Soyez impeccable avec vos mots en partageant vos connaissances de manière accessible et respectueuse. Ne prenez rien personnellement ; les défis et les critiques font partie du processus d'apprentissage et de croissance. Ne faites pas de suppositions sur vos capacités ou celles des autres ; restez ouvert à l'apprentissage continu et à la collaboration. Faites toujours de votre mieux pour appliquer vos compétences intellectuelles de manière constructive, en contribuant positivement à votre communauté et en inspirant les autres par votre engagement et votre curiosité.

Heuristique de jugement

Définition :
L'heuristique de jugement est un raccourci mental utilisé pour prendre des décisions rapidement et efficacement. Bien que pratique, ce type de raisonnement peut conduire à des biais et des erreurs de jugement en simplifiant excessivement les situations complexes.

Conseil toltèque :
Selon les accords toltèques, vous devriez être conscient des heuristiques de jugement et chercher à les équilibrer avec une réflexion plus approfondie. Soyez impeccable avec vos mots en vérifiant les informations et en évitant les généralisations hâtives. Ne

prenez rien personnellement ; les erreurs de jugement sont des occasions d'apprendre et de s'améliorer. Ne faites pas de suppositions ; prenez le temps de recueillir des informations et de considérer différentes perspectives avant de tirer des conclusions. Faites toujours de votre mieux pour prendre des décisions éclairées et réfléchies, en équilibrant intuition et analyse pour minimiser les biais cognitifs.

Histoire de vie

Définition :
L'histoire de vie est le récit des événements, des expériences et des transformations qui composent la vie d'une personne. Elle inclut des aspects personnels, professionnels, émotionnels et sociaux, offrant une perspective sur son parcours et son développement.

Conseil toltèque :
Selon les accords toltèques, vous devriez honorer et partager votre histoire de vie avec authenticité et courage. Soyez impeccable avec vos mots en racontant votre histoire de manière honnête et respectueuse, sans embellir ni minimiser vos expériences. Ne prenez rien personnellement ; votre histoire est unique et valable, indépendamment des jugements des autres. Ne faites pas de suppositions sur ce que les autres penseront de votre histoire ; concentrez-vous sur la vérité et l'authenticité. Faites toujours de votre mieux pour apprendre de votre passé et pour utiliser ces expériences pour grandir et inspirer les autres, en partageant les leçons que vous avez apprises tout au long de votre parcours.

Hitomishiri

Définition :
Le hitomishiri est un terme japonais qui décrit la timidité ou la réserve excessive, en particulier lors de nouvelles rencontres ou interactions sociales. Cette attitude peut empêcher une personne de se sentir à l'aise ou de s'exprimer librement en présence de nouvelles personnes.

Conseil toltèque :
Selon les accords toltèques, vous devriez aborder le hitomishiri avec douceur et patience envers vous-même. Soyez impeccable avec vos mots en vous encourageant et en évitant les jugements négatifs sur votre timidité. Ne prenez rien personnellement ; la timidité n'est pas une faiblesse mais une caractéristique humaine commune. Ne faites pas de suppositions sur ce que les autres pensent de vous ; concentrez-vous sur votre propre confort et bien-être. Faites toujours de votre mieux pour vous exposer progressivement à de nouvelles interactions, en pratiquant des techniques de respiration et de relaxation pour diminuer l'anxiété sociale et en cultivant la confiance en vous à travers des expériences positives.

Honnêteté émotionnelle

Définition :
L'honnêteté émotionnelle est la capacité d'exprimer ses émotions authentiquement et ouvertement, sans cacher ni réprimer ce que l'on ressent. Elle implique la reconnaissance et la communication des émotions de manière honnête et respectueuse envers soi-même et les autres.

Conseil toltèque :
Selon les accords toltèques, vous devriez pratiquer l'honnêteté émotionnelle avec courage et compassion. Soyez impeccable avec vos mots en exprimant vos sentiments de manière claire et respectueuse. Ne prenez rien personnellement ; l'authenticité émotionnelle peut être difficile pour certains à accepter, mais cela ne diminue pas la valeur de votre vérité. Ne faites pas de suppositions sur les réactions des autres ; communiquez ouvertement et écoutez activement. Faites toujours de votre mieux pour être honnête sur le plan émotionnel, en créant des relations basées sur la confiance et la compréhension mutuelle.

Honte

Définition :
La honte est une émotion douloureuse résultant d'un sentiment de désapprobation de soi-même. Elle est souvent liée à la perception d'avoir échoué à respecter ses propres standards ou ceux des autres, entraînant un sentiment d'infériorité et de rejet.

Conseil toltèque :
Selon les accords toltèques, vous devriez aborder la honte avec auto-compassion et discernement. Soyez impeccable avec vos mots en évitant les jugements négatifs sur vous-même. Ne prenez rien personnellement ; la honte est souvent le reflet de croyances limitatives et non de votre valeur intrinsèque. Ne faites pas de suppositions sur votre besoin d'être parfait ; acceptez vos erreurs comme des opportunités de croissance. Faites toujours de votre mieux pour cultiver l'amour de soi et la résilience, en vous pardonnant et en vous libérant des attentes irréalistes.

Humiliation

Définition :
L'humiliation est un sentiment d'extrême embarras et d'abaissement, souvent causé par des actions ou des paroles dégradantes de la part d'autrui. Elle peut laisser des cicatrices émotionnelles profondes et affecter l'estime de soi.

Conseil toltèque :
Selon les accords toltèques, vous devriez aborder l'humiliation avec dignité et force intérieure. Soyez impeccable avec vos mots en refusant de vous laisser définir par des expériences humiliantes. Ne prenez rien personnellement ; l'humiliation infligée par les autres reflète souvent leurs propres insécurités et non votre valeur. Ne faites pas de suppositions sur ce que les autres pensent de vous ; concentrez-vous sur votre propre perception et guérison. Faites toujours de votre mieux pour reconstruire votre estime de soi, en recherchant le soutien de ceux qui vous valorisent et en pratiquant l'auto-compassion.

Hygiène mentale

Définition :
L'hygiène mentale est l'ensemble des pratiques et des habitudes qui maintiennent et améliorent la santé mentale. Cela inclut des activités comme la méditation, l'exercice physique, le maintien de relations saines, et la gestion du stress.

Conseil toltèque :
Selon les accords toltèques, vous devriez intégrer l'hygiène mentale dans votre quotidien pour soutenir votre bien-être émotionnel. Soyez impeccable avec vos mots en vous parlant positivement et en évitant les pensées destructrices. Ne prenez rien personnellement ; les défis mentaux ne sont pas des faiblesses mais des aspects de la condition humaine. Ne faites pas de suppositions sur votre capacité à maintenir une bonne santé mentale ; expérimentez différentes pratiques pour trouver ce qui vous convient. Faites toujours de votre mieux pour prendre soin de votre esprit, en équilibrant travail, repos et loisirs pour une vie harmonieuse.

Hypersensibilité

Définition :
L'hypersensibilité est une réactivité émotionnelle accrue aux stimuli externes, pouvant entraîner des réactions intenses à des situations qui sembleraient banales à d'autres. Les personnes hypersensibles peuvent ressentir plus profondément les émotions positives et négatives.

Conseil toltèque :
Selon les accords toltèques, vous devriez embrasser votre hypersensibilité comme une force et non une faiblesse. Soyez impeccable avec vos mots en vous valorisant pour votre capacité à ressentir profondément. Ne prenez rien personnellement ; les réactions des autres à votre sensibilité ne définissent pas votre valeur. Ne faites pas de suppositions sur la nécessité de "durer" vos émotions ; trouvez des moyens de les exprimer et de les gérer sainement. Faites toujours de votre mieux pour naviguer votre hypersensibilité, en

utilisant des pratiques de gestion du stress et en entourant de personnes qui comprennent et respectent vos besoins émotionnels.

Hypothèse du contact

Définition :
L'hypothèse du contact est une théorie en psychologie sociale suggérant que l'interaction entre des groupes de personnes peut réduire les préjugés et les discriminations, à condition que certaines conditions soient réunies, comme l'égalité de statut et des objectifs communs.

Conseil toltèque :
Selon les accords toltèques, vous devriez promouvoir l'hypothèse du contact en favorisant des interactions positives et respectueuses entre différents groupes. Soyez impeccable avec vos mots en encourageant le dialogue et l'inclusion. Ne prenez rien personnellement ; les préjugés des autres ne reflètent pas votre valeur. Ne faites pas de suppositions sur les différences ; cherchez à comprendre et à apprécier la diversité. Faites toujours de votre mieux pour créer des environnements où chacun se sent accepté et valorisé, en travaillant activement à réduire les barrières et à favoriser l'unité.

Icare (Complexe d')

Définition :
Le complexe d'Icare est un terme psychologique inspiré de la mythologie grecque, où Icare vole trop près du soleil avec des ailes faites de cire et de plumes, provoquant sa chute. En psychologie, il décrit un comportement où une personne prend des risques excessifs, souvent par ambition ou par désir de grandeur, sans tenir compte des conséquences.
Conseil toltèque :
Selon les accords toltèques, vous devriez aborder le complexe d'Icare avec prudence et humilité. Soyez impeccable avec vos mots en reconnaissant vos aspirations tout en étant conscient de vos limites. Ne prenez rien personnellement ; les échecs ou les défis résultant de

la prise de risques ne définissent pas votre valeur. Ne faites pas de suppositions sur vos capacités ou sur la nécessité de prouver votre valeur par des actions audacieuses ; évaluez les risques de manière réaliste et réfléchie. Faites toujours de votre mieux pour équilibrer ambition et sécurité, en cultivant la sagesse et la modération dans vos actions.

Idéation

Définition :
L'idéation est le processus de formation et de développement d'idées. Elle est fondamentale pour la créativité et l'innovation, permettant de générer de nouvelles concepts, solutions et perspectives.

Conseil toltèque :
Selon les accords toltèques, vous devriez encourager l'idéation en cultivant un esprit ouvert et curieux. Soyez impeccable avec vos mots en partageant et en discutant vos idées de manière claire et respectueuse. Ne prenez rien personnellement ; les critiques constructives de vos idées sont des opportunités de croissance. Ne faites pas de suppositions sur la validité de vos idées sans les explorer et les développer pleinement. Faites toujours de votre mieux pour nourrir votre créativité, en vous entourant de personnes inspirantes et en vous engageant dans des activités qui stimulent votre imagination.

Idée fixe

Définition :
Une idée fixe est une pensée ou une croyance persistante et obsessionnelle qui occupe l'esprit d'une personne de manière récurrente, souvent au détriment de sa flexibilité mentale et de sa capacité à envisager d'autres perspectives.

Conseil toltèque :
Selon les accords toltèques, vous devriez aborder les idées fixes avec ouverture et flexibilité. Soyez impeccable avec vos mots en examinant objectivement vos pensées obsessionnelles et en cherchant à comprendre leur origine. Ne prenez rien personnellement ; les idées

fixes peuvent être le reflet de peurs ou de désirs profonds. Ne faites pas de suppositions sur la nécessité de maintenir ces idées ; explorez d'autres perspectives et soyez ouvert au changement. Faites toujours de votre mieux pour cultiver une pensée flexible et adaptative, en acceptant de remettre en question vos croyances et en accueillant de nouvelles idées et expériences.

Identisation

Définition :
L'identisation est le processus par lequel une personne s'identifie à un autre individu ou à un groupe, adoptant ses caractéristiques, comportements et valeurs. Cela peut être un mécanisme de développement de l'identité et d'appartenance.

Conseil toltèque :
Selon les accords toltèques, vous devriez pratiquer l'identisation de manière consciente et équilibrée. Soyez impeccable avec vos mots en reconnaissant et en valorisant votre propre identité tout en respectant et en intégrant les influences positives des autres. Ne prenez rien personnellement ; le désir de s'identifier à un groupe ou à une personne ne diminue pas votre propre valeur. Ne faites pas de suppositions sur la nécessité de copier exactement les autres ; utilisez leur influence comme source d'inspiration tout en restant fidèle à vous-même. Faites toujours de votre mieux pour harmoniser votre identité unique avec les valeurs et les qualités que vous admirez chez les autres.

Illusion de Moïse

Définition :
L'illusion de Moïse est une erreur cognitive où une personne se trompe en croyant que certains détails bibliques ou historiques sont vrais simplement parce qu'ils sont souvent évoqués ou familiers. Cela souligne les limitations de la mémoire et la facilité avec laquelle des informations incorrectes peuvent être acceptées comme vraies.

Conseil toltèque :
Selon les accords toltèques, vous devriez aborder l'illusion de Moïse avec scepticisme et une recherche de vérité. Soyez impeccable avec vos mots en vérifiant les faits et en remettant en question les informations largement acceptées mais non vérifiées. Ne prenez rien personnellement ; reconnaître une erreur ou une croyance incorrecte ne diminue pas votre intelligence. Ne faites pas de suppositions sur la véracité des informations sans les examiner de manière critique. Faites toujours de votre mieux pour baser vos croyances et vos connaissances sur des faits vérifiés et sur une compréhension approfondie, en adoptant une approche de l'apprentissage continue et ouverte.

Illusion de transparence

Définition :
L'illusion de transparence est une tendance cognitive où les individus surestiment la mesure dans laquelle leurs pensées, sentiments et intentions sont évidents pour les autres. Cela peut conduire à des malentendus et à une communication inefficace.

Conseil toltèque :
Selon les accords toltèques, vous devriez être conscient de l'illusion de transparence et travailler à améliorer la communication. Soyez impeccable avec vos mots en exprimant clairement vos pensées et sentiments sans supposer qu'ils sont évidents pour les autres. Ne prenez rien personnellement ; les malentendus ne sont pas des reflets de votre valeur mais des opportunités d'améliorer la clarté. Ne faites pas de suppositions sur ce que les autres comprennent de vous ; vérifiez et clarifiez régulièrement. Faites toujours de votre mieux pour communiquer de manière ouverte et transparente, en encourageant des échanges honnêtes et compréhensifs.

Image de soi

Définition :
L'image de soi est la perception qu'une personne a de ses propres caractéristiques physiques, émotionnelles et intellectuelles. Elle

influence fortement la confiance en soi, l'estime de soi et les comportements.

Conseil toltèque :
Selon les accords toltèques, vous devriez cultiver une image de soi positive et réaliste. Soyez impeccable avec vos mots en vous parlant avec bienveillance et respect. Ne prenez rien personnellement ; les critiques ou les jugements externes ne définissent pas votre valeur. Ne faites pas de suppositions sur vos limites basées sur des perceptions négatives de vous-même ; reconnaissez et valorisez vos qualités et vos succès. Faites toujours de votre mieux pour développer une image de soi saine, en travaillant sur l'acceptation de soi et en cherchant à vous améliorer de manière constructive et aimante.

Image inconsciente du corps

Définition :
L'image inconsciente du corps est la représentation mentale que nous avons de notre propre corps, souvent façonnée par des expériences passées, des perceptions et des influences socioculturelles. Elle peut affecter notre comportement, notre estime de soi et notre bien-être général.

Conseil toltèque :
Selon les accords toltèques, vous devriez explorer et améliorer votre image inconsciente du corps avec compassion et acceptation. Soyez impeccable avec vos mots en évitant les jugements négatifs et en adoptant un langage corporel positif. Ne prenez rien personnellement ; les perceptions de votre corps peuvent être influencées par des normes externes et des expériences passées. Ne faites pas de suppositions sur votre valeur basée uniquement sur votre apparence physique ; reconnaissez la diversité des corps et célébrez votre unicité. Faites toujours de votre mieux pour cultiver une relation saine et aimante avec votre corps, en pratiquant des soins personnels et en recherchant le bien-être physique et mental.

Imposteur (Syndrome de l')

Définition :
Le syndrome de l'imposteur est un phénomène psychologique où une personne doute de ses réalisations et a une peur persistante d'être exposée comme une "imposture". Malgré des preuves de succès, ceux qui en souffrent attribuent souvent leurs réussites à la chance ou à d'autres facteurs externes.

Conseil toltèque :
Selon les accords toltèques, vous devriez affronter le syndrome de l'imposteur avec auto-compassion et reconnaissance de vos mérites. Soyez impeccable avec vos mots en reconnaissant et en célébrant vos réalisations sans minimiser vos efforts. Ne prenez rien personnellement ; les sentiments d'insécurité sont souvent le reflet de croyances internes et non de la réalité. Ne faites pas de suppositions sur la nécessité de prouver constamment votre valeur ; faites confiance à vos compétences et à votre parcours. Faites toujours de votre mieux pour renforcer votre confiance en vous, en acceptant vos succès comme le résultat de votre travail acharné et en rejetant les doutes injustifiés.

Insécurité (Sentiment d')

Définition :
Le sentiment d'insécurité est une émotion de doute et de manque de confiance en soi, souvent accompagnée de peurs et d'anxiété concernant ses capacités ou sa valeur. Cela peut affecter négativement la perception de soi et les interactions sociales.

Conseil toltèque :
Selon les accords toltèques, vous devriez aborder le sentiment d'insécurité avec auto-compassion et résilience. Soyez impeccable avec vos mots

en vous parlant avec gentillesse et en reconnaissant vos forces. Ne prenez rien personnellement ; les sentiments d'insécurité sont souvent influencés par des expériences passées et des croyances limitantes. Ne faites pas de suppositions sur votre valeur basée sur des peurs irrationnelles ; concentrez-vous sur vos succès et vos qualités. Faites toujours de votre mieux pour renforcer votre confiance en vous, en travaillant sur l'acceptation de soi et en cultivant des pensées positives et encourageantes.

Insouciance

Définition :
L'insouciance est un état d'esprit où une personne se sent libre de préoccupations et d'anxiétés, souvent associée à une attitude détendue et à une approche légère de la vie. Cela peut être bénéfique pour réduire le stress mais peut également mener à un manque de responsabilité si pris à l'extrême.

Conseil toltèque :
Selon les accords toltèques, vous devriez équilibrer l'insouciance avec la responsabilité et la conscience. Soyez impeccable avec vos mots en maintenant une attitude positive tout en restant conscient de vos responsabilités. Ne prenez rien personnellement ; les défis et les responsabilités ne doivent pas diminuer votre capacité à apprécier la vie. Ne faites pas de suppositions sur la nécessité d'être constamment sérieux ; permettez-vous de profiter des moments de légèreté et de joie. Faites toujours de votre mieux pour vivre avec insouciance de manière équilibrée, en prenant soin de vos obligations tout en savourant les plaisirs simples de la vie.

Intelligence émotionnelle

Définition :
L'intelligence émotionnelle est la capacité de reconnaître, comprendre et gérer ses propres émotions ainsi que celles des autres. Elle inclut des compétences telles que l'empathie, la régulation émotionnelle et la gestion des relations interpersonnelles.

Conseil toltèque :
Selon les accords toltèques, vous devriez développer votre intelligence émotionnelle pour améliorer vos relations et votre bien-

être. Soyez impeccable avec vos mots en exprimant vos émotions de manière honnête et constructive. Ne prenez rien personnellement ; les émotions des autres sont souvent le reflet de leurs propres expériences. Ne faites pas de suppositions sur les sentiments des autres ; écoutez activement et posez des questions pour clarifier. Faites toujours de votre mieux pour renforcer vos compétences émotionnelles, en pratiquant l'empathie, en gérant vos propres émotions de manière saine et en cultivant des relations harmonieuses et respectueuses.

Introspection

Définition :
L'introspection est le processus d'examen et de réflexion sur ses propres pensées, émotions et motivations. Elle permet une meilleure compréhension de soi et peut conduire à une croissance personnelle et à une amélioration de la prise de décision.

Conseil toltèque :
Selon les accords toltèques, vous devriez pratiquer l'introspection avec honnêteté et ouverture d'esprit. Soyez impeccable avec vos mots en étant sincère avec vous-même sur vos pensées et sentiments. Ne prenez rien personnellement ; les découvertes sur soi peuvent être difficiles mais sont des opportunités de croissance. Ne faites pas de suppositions sur vos motivations sans les examiner profondément ; questionnez et explorez vos pensées. Faites toujours de votre mieux pour intégrer l'introspection dans votre vie quotidienne, en utilisant les insights obtenus pour guider vos actions et améliorer votre bien-être et vos relations.

Jalousie

Définition :
La jalousie est une émotion complexe qui combine des sentiments de peur, de perte, et d'insécurité concernant une éventuelle menace perçue à une relation ou une position valorisée. Elle peut être dirigée vers une personne ou un objet qui représente une menace pour ce que l'on possède ou désire.

Conseil toltèque :
Selon les accords toltèques, vous devriez gérer la jalousie avec auto-compassion et introspection. Soyez impeccable avec vos mots en évitant les accusations et en exprimant vos sentiments de manière honnête et non accusatoire. Ne prenez rien personnellement ; la jalousie provient souvent de nos propres insécurités et peurs, et non des actions des autres. Ne faites pas de suppositions sur les intentions ou les sentiments des autres ; cherchez à comprendre les véritables causes de votre jalousie et travaillez à les résoudre en vous-même. Faites toujours de votre mieux pour cultiver la confiance et l'amour-propre, en vous rappelant que vous êtes digne de l'amour et de la reconnaissance que vous recherchez.

Jardin intérieur

Définition :
Le jardin intérieur est une métaphore pour l'espace mental et émotionnel personnel que chacun cultive en soi. Il représente nos pensées, nos sentiments, et notre état de bien-être général, qui doivent être entretenus et nourris comme un jardin pour prospérer.

Conseil toltèque :
Selon les accords toltèques, vous devriez cultiver votre jardin intérieur avec soin et attention. Soyez impeccable avec vos mots en nourrissant des pensées positives et constructives. Ne prenez rien personnellement ; les éléments négatifs qui affectent votre jardin intérieur sont souvent des reflets des environnements externes et non de votre valeur personnelle. Ne faites pas de suppositions sur la difficulté de maintenir un état de bien-être ; engagez-vous activement dans des pratiques qui enrichissent votre esprit et votre cœur. Faites toujours de votre mieux pour entretenir votre jardin intérieur, en éliminant les mauvaises herbes des pensées négatives et en plantant les graines de l'amour, de la gratitude, et de la paix.

Jeûne mental

Définition :
Le jeûne mental est la pratique consistant à se déconnecter des pensées négatives, des distractions et des stimulations constantes pour permettre à l'esprit de se reposer et de se recentrer. Cela peut inclure des périodes de méditation, de silence, ou de réflexion intentionnelle.

Conseil toltèque :
Selon les accords toltèques, vous devriez pratiquer le jeûne mental pour retrouver clarté et tranquillité. Soyez impeccable avec vos mots en vous accordant des moments de silence et de réflexion sans jugement. Ne prenez rien personnellement ; les pensées intrusives ne définissent pas votre valeur ou votre paix intérieure. Ne faites pas de suppositions sur la difficulté de calmer votre esprit ; commencez par de petites étapes et augmentez progressivement la durée de vos pratiques de jeûne mental. Faites toujours de votre mieux pour intégrer ces moments de calme dans votre vie quotidienne, en les utilisant pour restaurer votre énergie mentale et émotionnelle.

Journal de gratitude

Définition :
Un journal de gratitude est un outil où l'on consigne régulièrement des choses pour lesquelles on est reconnaissant. Cette pratique aide à focaliser l'attention sur les aspects positifs de la vie, renforçant ainsi le bien-être émotionnel et la satisfaction.

Conseil toltèque :
Selon les accords toltèques, vous devriez tenir un journal de gratitude pour nourrir votre esprit de positivité et de reconnaissance. Soyez impeccable avec vos mots en exprimant sincèrement votre gratitude pour les petites et grandes bénédictions de votre vie. Ne prenez rien personnellement ; la pratique de la gratitude n'est pas une compétition mais une exploration personnelle de ce qui vous apporte joie et satisfaction. Ne faites pas de suppositions sur l'impact immédiat de cette pratique ; soyez patient et cohérent, en observant

comment elle transforme progressivement votre perspective. Faites toujours de votre mieux pour consigner régulièrement vos gratitudes, en les relisant souvent pour renforcer votre sentiment de bonheur et d'abondance.

Jugement

Définition :
Le jugement est l'évaluation ou la formation d'opinions sur soi-même ou sur les autres. Cela peut inclure des critiques, des comparaisons, et des évaluations basées sur des normes ou des attentes personnelles ou sociales.
Conseil toltèque :
Selon les accords toltèques, vous devriez gérer le jugement avec bienveillance et discernement. Soyez impeccable avec vos mots en évitant les critiques sévères et en adoptant une attitude de compréhension et de compassion. Ne prenez rien personnellement ; les jugements que vous recevez ou que vous portez sont souvent influencés par des croyances et des expériences passées. Ne faites pas de suppositions sur la validité des jugements ; évaluez-les objectivement et cherchez à comprendre leur origine. Faites toujours de votre mieux pour cultiver une attitude non-jugeante, en vous concentrant sur la croissance personnelle et l'amélioration plutôt que sur la critique et la comparaison.

Justesse émotionnelle

Définition :
La justesse émotionnelle est la capacité de percevoir, comprendre et exprimer ses émotions de manière appropriée et équilibrée. Cela implique une régulation émotionnelle efficace et une communication claire et authentique des sentiments.

Conseil toltèque :
Selon les accords toltèques, vous devriez pratiquer la justesse émotionnelle pour maintenir des relations saines et authentiques. Soyez impeccable avec vos mots en exprimant vos émotions de manière claire et respectueuse. Ne prenez rien personnellement ; les

émotions des autres sont souvent le reflet de leurs propres expériences et non de votre valeur personnelle. Ne faites pas de suppositions sur les motivations ou les sentiments des autres ; posez des questions et écoutez activement pour clarifier et comprendre. Faites toujours de votre mieux pour équilibrer vos émotions, en utilisant des techniques de régulation et en communiquant ouvertement avec ceux qui vous entourent.

Lâcher prise

Définition :
Le lâcher-prise est la capacité de libérer des pensées, des émotions ou des situations qui ne nous servent plus, permettant ainsi de se détacher du passé et de vivre pleinement dans le présent. C'est un acte de libération et de confiance en l'avenir.

Conseil toltèque :
Selon les accords toltèques, vous devriez pratiquer le lâcher-prise pour trouver la paix et la liberté intérieure. Soyez impeccable avec vos mots en vous rappelant que certaines choses ne sont pas sous votre contrôle et en vous permettant de les laisser partir. Ne prenez rien personnellement ; les besoins de lâcher-prise sont naturels et ne diminuent pas votre force ou votre valeur. Ne faites pas de suppositions sur les conséquences de libérer des attachements ; faites confiance à votre capacité à naviguer les changements avec résilience. Faites toujours de votre mieux pour pratiquer le lâcher-prise, en vous concentrant sur l'instant présent et en accueillant les nouvelles opportunités avec ouverture et curiosité.

Libération émotionnelle

Définition :
La libération émotionnelle est le processus de relâcher des émotions refoulées ou négatives pour alléger le fardeau émotionnel et favoriser la guérison et le bien-être. Cela peut inclure des techniques comme la thérapie, la méditation, ou l'expression créative.

Conseil toltèque :
Selon les accords toltèques, vous devriez rechercher la libération émotionnelle pour maintenir une santé mentale et émotionnelle équilibrée. Soyez impeccable avec vos mots en exprimant vos émotions de manière saine et constructive. Ne prenez rien personnellement ; les émotions refoulées ne diminuent pas votre valeur et méritent d'être libérées pour votre bien-être. Ne faites pas de suppositions sur la difficulté ou la douleur du processus ; engagez-vous avec patience et douceur envers vous-même. Faites toujours de votre mieux pour explorer et pratiquer des méthodes de libération émotionnelle, en cherchant du soutien professionnel si nécessaire et en vous entourant de personnes compréhensives et bienveillantes.

Lien émotionnel

Définition :
Le lien émotionnel est la connexion affective qui se développe entre les individus, basée sur la compréhension mutuelle, la confiance et les expériences partagées. C'est un élément fondamental des relations humaines significatives et de soutien.

Conseil toltèque :
Selon les accords toltèques, vous devriez nourrir les liens émotionnels avec authenticité et respect. Soyez impeccable avec vos mots en exprimant votre affection et votre appréciation pour les autres. Ne prenez rien personnellement ; les dynamiques émotionnelles dans les relations peuvent fluctuer et ne remettent pas en question votre valeur. Ne faites pas de suppositions sur les sentiments des autres ; engagez-vous dans des communications ouvertes et honnêtes pour renforcer la compréhension mutuelle. Faites toujours de votre mieux pour maintenir et approfondir vos liens émotionnels, en montrant de l'empathie, en écoutant activement et en partageant des moments significatifs avec ceux que vous aimez.

Loi de Murphy

Définition :
La loi de Murphy est l'adage selon lequel "tout ce qui peut mal tourner, tournera mal". Elle exprime une vision pessimiste des événements, où les choses ont tendance à se dérouler de manière défavorable, souvent au moment le moins opportun.

Conseil toltèque :
Selon les accords toltèques, vous devriez aborder la loi de Murphy avec optimisme et résilience. Soyez impeccable avec vos mots en ne renforçant pas les attentes négatives par des expressions pessimistes. Ne prenez rien personnellement ; les situations défavorables sont des expériences d'apprentissage et ne reflètent pas votre valeur ou votre chance personnelle. Ne faites pas de suppositions sur l'issue des événements ; gardez une attitude ouverte et proactive pour naviguer les défis. Faites toujours de votre mieux pour préparer et anticiper les obstacles, tout en gardant un esprit positif et flexible pour surmonter les imprévus.

Longévité émotionnelle

Définition :
La longévité émotionnelle est la capacité de maintenir une santé émotionnelle stable et positive sur le long terme. Elle implique la résilience, la régulation émotionnelle, et la capacité à s'adapter aux changements et aux défis de la vie.

Conseil toltèque :
Selon les accords toltèques, vous devriez cultiver la longévité émotionnelle en adoptant des pratiques de bien-être durable. Soyez impeccable avec vos mots en nourrissant des pensées et des discours positifs et encourageants. Ne prenez rien personnellement ; les hauts et les bas émotionnels sont naturels et ne diminuent pas votre capacité à maintenir une stabilité émotionnelle. Ne faites pas de suppositions sur votre résilience ; engagez-vous dans des pratiques régulières de gestion du stress et de renforcement de la résilience. Faites toujours de votre mieux pour entretenir votre santé

émotionnelle, en pratiquant des activités qui vous apportent joie et satisfaction et en cherchant du soutien lorsque nécessaire.

Lumière intérieure

Définition :
La lumière intérieure est la force vitale et spirituelle qui réside en chacun de nous. C'est une source de guidance, de paix et de positivité qui nous aide à naviguer les défis de la vie avec clarté et assurance.

Conseil toltèque :
Selon les accords toltèques, vous devriez nourrir et écouter votre lumière intérieure pour vivre une vie épanouie et authentique. Soyez impeccable avec vos mots en vous parlant avec amour et encouragement, en reconnaissant la lumière en vous. Ne prenez rien personnellement ; les obscurités temporaires ne diminuent pas la force de votre lumière intérieure. Ne faites pas de suppositions sur votre capacité à accéder à cette lumière ; pratiquez la méditation, la réflexion et d'autres activités qui renforcent votre connexion spirituelle. Faites toujours de votre mieux pour suivre votre lumière intérieure, en utilisant sa guidance pour prendre des décisions alignées avec vos valeurs et votre véritable essence.

Mal à l'aise (être)

Définition :
Se sentir mal à l'aise signifie éprouver une sensation de gêne, de malaise ou d'inconfort dans une situation donnée. Cela peut découler de divers facteurs, comme un environnement inconnu, une interaction sociale délicate ou un sentiment d'insécurité personnelle. Être mal à l'aise est souvent lié à une perception de menace ou à un manque de confiance en soi.

Conseil toltèque :
Selon les accords toltèques, vous devriez pratiquer l'impeccabilité avec vos mots pour éviter d'aggraver votre malaise. Parlez avec sincérité et évitez les jugements envers vous-même et les autres. Ne prenez rien personnellement ; souvenez-vous que les actions et les

paroles des autres sont le reflet de leurs propres réalités et non de la vôtre. Évitez de faire des suppositions en demandant des clarifications lorsque vous vous sentez incertain. Enfin, faites toujours de votre mieux pour accepter et comprendre vos sentiments d'inconfort sans vous juger sévèrement, ce qui vous aidera à les surmonter plus facilement. Cette approche vous permettra de transformer vos moments de malaise en opportunités de croissance personnelle et de développement de la confiance en soi.

Malveillance

Définition :
La malveillance est une disposition d'esprit qui pousse une personne à vouloir nuire à autrui, que ce soit par des actions, des paroles ou des intentions. Elle se manifeste souvent par des comportements hostiles, des critiques destructrices et des actes de sabotage visant à blesser ou à affaiblir quelqu'un.

Conseil toltèque :
Selon les accords toltèques, vous devriez éviter toute forme de malveillance en étant impeccable avec vos mots. Utilisez votre parole pour créer de la bienveillance et de la positivité plutôt que de la négativité. Ne prenez rien personnellement ; la malveillance des autres est souvent le reflet de leur propre douleur et de leurs luttes internes. Ne faites pas de suppositions sur les intentions des autres ; essayez de comprendre leur perspective et de répondre avec compassion. Faites toujours de votre mieux pour cultiver des pensées et des actions bienveillantes, car cela favorise des relations harmonieuses et un environnement sain. En intégrant ces principes, vous pouvez contribuer à réduire la malveillance dans vos interactions et promouvoir une atmosphère de respect et de compréhension mutuelle.

Manipulation mentale

Définition :
La manipulation mentale est l'utilisation de techniques psychologiques pour influencer et contrôler les pensées, les émotions et les comportements d'une personne à des fins personnelles. Cela peut inclure des tactiques telles que la tromperie, la coercition, la culpabilisation et l'exploitation des vulnérabilités émotionnelles.

Conseil toltèque :
Selon les accords toltèques, vous devriez vous protéger contre la manipulation mentale en étant impeccable avec vos mots, en restant fidèle à vos valeurs et en communiquant avec clarté et sincérité. Ne prenez rien personnellement ; les tentatives de manipulation sont souvent le reflet des insécurités et des besoins de contrôle de l'autre personne, et non de votre propre valeur. Évitez de faire des suppositions ; cherchez toujours des preuves concrètes et posez des questions pour clarifier les intentions. Faites toujours de votre mieux pour établir et maintenir des limites saines, en vous entourant de personnes respectueuses et en évitant les situations où vous vous sentez manipulé ou contrôlé. En adoptant ces principes, vous pouvez renforcer votre résilience mentale et émotionnelle et favoriser des relations basées sur le respect mutuel et la transparence.

Mécanisme de la souvenance

Définition :
Le mécanisme de la souvenance désigne le processus par lequel nous nous rappelons des souvenirs ou des informations passées. Cela inclut la manière dont ces souvenirs sont encodés, stockés et récupérés dans notre mémoire, influençant ainsi nos pensées, nos émotions et nos comportements actuels.

Conseil toltèque :
Selon les accords toltèques, vous devriez être conscient de la manière dont vos souvenirs influencent votre vie actuelle. Soyez impeccable avec vos mots en reconnaissant que certains souvenirs peuvent être déformés par des émotions passées. Ne prenez rien personnellement,

y compris vos souvenirs, car ils ne définissent pas qui vous êtes aujourd'hui. Ne faites pas de suppositions sur les souvenirs des autres ; chacun a sa propre perception et interprétation des événements passés. Faites toujours de votre mieux pour utiliser vos souvenirs de manière constructive, en apprenant des expériences passées tout en vous concentrant sur le présent et en construisant un futur positif. Cette approche vous aidera à transformer vos souvenirs en sources de sagesse et de croissance.

Mécanisme de protection

Définition :
Un mécanisme de protection est une stratégie ou un comportement adopté par une personne pour se protéger contre des menaces perçues, qu'elles soient physiques, émotionnelles ou psychologiques. Ces mécanismes peuvent inclure des actions conscientes, comme éviter des situations dangereuses, ou des réactions inconscientes, comme le déni ou la projection.

Conseil toltèque :
Selon les accords toltèques, vous devriez reconnaître vos mécanismes de protection et les utiliser de manière à promouvoir votre bien-être sans nuire aux autres. Soyez impeccable avec vos mots en communiquant clairement vos besoins et vos limites. Ne prenez rien personnellement ; les comportements de protection des autres sont souvent liés à leurs propres peurs et insécurités. Ne faites pas de suppositions sur les intentions des autres ; essayez de comprendre leur besoin de se protéger. Faites toujours de votre mieux pour équilibrer la protection de vous-même avec la compréhension et la compassion envers les autres. En adoptant cette approche, vous pouvez créer des relations plus saines et un environnement plus sécurisant pour vous-même et pour ceux qui vous entourent.

Médiation

Définition :
La médiation est un processus de résolution des conflits dans lequel un tiers impartial, le médiateur, aide les parties en désaccord à trouver

une solution mutuellement acceptable. Le médiateur facilite la communication, encourage la compréhension et guide les parties vers un accord.

Conseil toltèque :
Selon les accords toltèques, vous devriez adopter une attitude de médiation dans vos interactions en étant impeccable avec vos mots, en écoutant attentivement et en communiquant avec clarté et respect. Ne prenez rien personnellement, car les conflits sont souvent le résultat de malentendus ou de perceptions différentes. Évitez de faire des suppositions et posez des questions pour clarifier les intentions et les besoins des autres. Faites toujours de votre mieux pour trouver des solutions pacifiques et justes, en tenant compte des perspectives de toutes les parties impliquées. En intégrant ces principes, vous pouvez devenir un médiateur efficace et contribuer à résoudre les conflits de manière harmonieuse et respectueuse.

Mégalomanie

Définition :
La mégalomanie est un trouble de la personnalité caractérisé par une obsession excessive pour le pouvoir, la grandeur et l'importance personnelle. Les personnes mégalomanes ont souvent des illusions de grandeur, un besoin constant d'admiration et un manque d'empathie pour les autres.

Conseil toltèque :
Selon les accords toltèques, vous devriez être conscient des tendances mégalomaniaques en vous-même ou chez les autres, et y répondre avec compassion et humilité. Soyez impeccable avec vos mots en évitant les exagérations et en reconnaissant la valeur de chaque individu. Ne prenez rien personnellement ; la mégalomanie des autres est souvent un masque pour des insécurités profondes. Ne faites pas de suppositions sur la grandeur ou le pouvoir des autres ; concentrez-vous sur la vérité et l'authenticité. Faites toujours de votre mieux pour cultiver l'humilité et la gratitude, en reconnaissant que chacun a sa propre valeur et mérite le respect. En suivant ces

principes, vous pouvez éviter les pièges de la mégalomanie et encourager des relations plus équilibrées et respectueuses.

Mélancolie

Définition :
La mélancolie est un état émotionnel caractérisé par une profonde tristesse, souvent associée à la nostalgie ou au regret. Elle peut être déclenchée par des souvenirs, des pertes ou des déceptions, et se manifeste par une sensation de vide ou de désespoir.

Conseil toltèque :
Selon les accords toltèques, vous devriez aborder la mélancolie avec douceur et compréhension envers vous-même. Soyez impeccable avec vos mots en exprimant vos sentiments de manière honnête et sans jugement. Ne prenez rien personnellement ; la mélancolie est une réaction naturelle à certaines expériences de la vie. Évitez de faire des suppositions sur la durée ou l'intensité de votre tristesse ; acceptez vos émotions telles qu'elles sont. Faites toujours de votre mieux pour vous entourer de soutien et pratiquer des activités qui vous apportent du réconfort et de la joie. En acceptant et en honorant vos sentiments de mélancolie, vous pouvez les transformer en une source de réflexion et de croissance personnelle.

Mépris

Définition :
Le mépris est un sentiment de supériorité et de dédain envers quelqu'un ou quelque chose jugé inférieur ou indigne. Il se manifeste souvent par des comportements condescendants, des paroles blessantes et une attitude de dévalorisation.

Conseil toltèque :
Selon les accords toltèques, vous devriez éviter le mépris en étant impeccable avec vos mots et en traitant chaque personne avec respect et dignité. Ne prenez rien personnellement ; le mépris des autres est souvent un reflet de leurs propres insécurités et frustrations. Ne faites pas de suppositions sur la valeur ou les

intentions des autres ; cherchez à comprendre et à apprécier les différences. Faites toujours de votre mieux pour pratiquer l'empathie et la compassion, en reconnaissant la valeur inhérente de chaque individu. En suivant ces principes, vous pouvez remplacer le mépris par une attitude de respect et de compréhension, ce qui améliorera vos relations et favorisera un environnement plus harmonieux.

Méthode Coué

Définition :
La méthode Coué, développée par Émile Coué, est une technique de suggestion et d'autosuggestion positive. Elle repose sur la répétition quotidienne de phrases affirmatives et encourageantes pour influencer positivement le subconscient et améliorer la santé mentale, la performance et le bien-être général.

Conseil toltèque :
Selon les accords toltèques, vous devriez utiliser la méthode Coué en étant impeccable avec vos mots, en répétant des affirmations positives avec conviction et sincérité. Ne prenez rien personnellement ; les obstacles et les échecs ne sont que des étapes temporaires dans votre cheminement et ne définissent pas votre potentiel ou votre valeur. Évitez de faire des suppositions sur l'efficacité immédiate des affirmations ; la transformation du subconscient demande du temps et de la persévérance. Faites toujours de votre mieux pour intégrer cette pratique de manière régulière et avec patience, en croyant fermement en la capacité de vos paroles à transformer votre réalité. En suivant ces principes, vous pouvez renforcer votre état d'esprit positif, surmonter les défis avec confiance et atteindre un plus grand bien-être physique et émotionnel.

Napoléon (Complexe de)

Définition :
Le complexe de Napoléon se réfère à un comportement compensatoire adopté par certaines personnes de petite taille, où elles tentent de surcompenser leur taille par des actions dominantes, agressives ou autoritaires. Ce complexe est souvent marqué par une

ambition excessive et un besoin de prouver sa valeur par des réalisations ou une démonstration de pouvoir.

Conseil toltèque :
Selon les accords toltèques, vous devriez être conscient de vos motivations profondes et de la manière dont elles influencent vos actions. Soyez impeccable avec vos mots en évitant les jugements et en reconnaissant vos propres valeurs indépendamment de la perception des autres. Ne prenez rien personnellement ; les perceptions de taille ou de compétence sont souvent des constructions sociales et ne définissent pas votre véritable valeur. Évitez de faire des suppositions sur ce que les autres pensent de vous ; concentrez-vous sur votre propre chemin et vos objectifs personnels. Faites toujours de votre mieux pour vous épanouir en étant authentique et en vous libérant des besoins de surcompensation. Cette approche vous aidera à trouver un équilibre intérieur et à vivre en harmonie avec vous-même et les autres.

Narcisse (Effet)

Définition :
L'effet Narcisse décrit la tendance d'une personne à s'admirer excessivement, à se focaliser sur son propre reflet et à avoir une perception exagérée de sa propre importance. Cette attitude est souvent liée à un manque d'empathie et à une quête constante d'admiration et de validation extérieure.

Conseil toltèque :
Selon les accords toltèques, vous devriez cultiver l'humilité et la compassion pour équilibrer l'effet Narcisse. Soyez impeccable avec vos mots en reconnaissant et en valorisant les contributions et les qualités des autres. Ne prenez rien personnellement, y compris les compliments ou les critiques ; ils reflètent souvent les perceptions des autres et non votre véritable essence. Évitez de faire des suppositions sur votre propre importance ; cherchez à comprendre votre place dans un contexte plus large et interconnecté. Faites toujours de votre mieux pour développer des relations authentiques basées sur le respect mutuel et l'appréciation sincère. En adoptant

cette perspective, vous pouvez transformer l'effet Narcisse en une force positive qui nourrit des relations équilibrées et enrichissantes.

Néron (Complexe de)

Définition :
Le complexe de Néron se réfère à un comportement tyrannique, destructeur et égocentrique, souvent associé à une personne en position de pouvoir qui utilise son autorité de manière abusive et autodestructrice. Ce complexe est marqué par des actions impulsives, un manque d'empathie et un désir de contrôler ou de détruire.

Conseil toltèque :
Selon les accords toltèques, vous devriez pratiquer l'autodiscipline et l'introspection pour gérer les tendances du complexe de Néron. Soyez impeccable avec vos mots en utilisant votre autorité de manière constructive et bienveillante. Ne prenez rien personnellement ; la tyrannie et la destruction sont souvent des manifestations de peurs et d'insécurités internes. Évitez de faire des suppositions sur les motivations des autres ; cherchez à comprendre les dynamiques de pouvoir de manière éclairée et équilibrée. Faites toujours de votre mieux pour exercer votre pouvoir avec sagesse, compassion et respect, en promouvant le bien-être collectif plutôt que des intérêts personnels destructeurs. Cette approche vous aidera à transformer des comportements tyranniques en leadership positif et inspirant.

Objectivité

Définition :
L'objectivité est la capacité de voir et de comprendre les choses telles qu'elles sont, sans être influencé par des émotions, des préjugés ou des préférences personnelles. Cela implique une évaluation impartiale et équilibrée des faits et des situations.

Conseil toltèque :
Selon les accords toltèques, vous devriez cultiver l'objectivité en étant conscient de vos propres biais et en travaillant à les surmonter. Soyez

impeccable avec vos mots en exprimant des observations factuelles et en évitant les jugements hâtifs. Ne prenez rien personnellement ; les perceptions et les opinions des autres ne doivent pas influencer votre capacité à voir les choses clairement. Évitez de faire des suppositions et cherchez toujours à obtenir des informations complètes et vérifiées avant de tirer des conclusions. Faites toujours de votre mieux pour maintenir une perspective ouverte et équilibrée, en intégrant différents points de vue et en recherchant la vérité avec intégrité et discernement. Cette approche vous permettra de développer une vision plus claire et plus juste du monde qui vous entoure.

Oppression

Définition :
L'oppression est l'exercice d'un pouvoir ou d'une autorité de manière injuste et tyrannique, souvent impliquant la domination, l'exploitation et la suppression des droits et des libertés d'un individu ou d'un groupe. Elle peut se manifester sous forme de discrimination, d'injustice sociale ou d'abus systémique.
Conseil toltèque :
Selon les accords toltèques, vous devriez reconnaître et dénoncer l'oppression en étant impeccable avec vos mots et en agissant avec courage et compassion. Ne prenez rien personnellement ; l'oppression est souvent le reflet des peurs et des insécurités de ceux qui l'exercent. Évitez de faire des suppositions sur les motivations des oppresseurs et cherchez à comprendre les dynamiques sous-jacentes pour mieux les combattre. Faites toujours de votre mieux pour soutenir la justice, l'égalité et la dignité humaine, en utilisant votre voix et vos actions pour promouvoir le changement positif et l'autonomisation des opprimés. En adoptant cette approche, vous pouvez contribuer à créer un monde plus juste et harmonieux.

Optimisme

Définition :
L'optimisme est une attitude mentale positive caractérisée par l'espérance et la confiance en un futur favorable. Les optimistes ont

tendance à voir le bon côté des choses, à anticiper des résultats positifs et à croire en leur capacité à surmonter les défis.

Conseil toltèque :
Selon les accords toltèques, vous devriez nourrir l'optimisme en étant impeccable avec vos mots, en cultivant des pensées positives et en exprimant des encouragements sincères. Ne prenez rien personnellement ; les échecs et les revers sont des opportunités d'apprentissage et de croissance. Évitez de faire des suppositions négatives et adoptez une perspective constructive, cherchant toujours le potentiel caché dans chaque situation. Faites toujours de votre mieux pour maintenir une attitude positive, même face aux difficultés, en reconnaissant et en célébrant les petites victoires et les progrès quotidiens. En intégrant ces principes, vous pouvez renforcer votre optimisme et inspirer ceux qui vous entourent à faire de même, créant ainsi un environnement plus joyeux et résilient.

Ouverture d'esprit

Définition :
L'ouverture d'esprit est la disposition à considérer de nouvelles idées, perspectives et expériences sans jugement préalable. C'est la capacité d'écouter et d'apprécier les points de vue différents, en reconnaissant la valeur de la diversité intellectuelle et culturelle.

Conseil toltèque :
Selon les accords toltèques, vous devriez cultiver l'ouverture d'esprit en étant impeccable avec vos mots, en exprimant des idées et des opinions de manière respectueuse et positive. Ne prenez rien personnellement ; les points de vue des autres ne sont pas une attaque contre vos croyances, mais une expression de leur propre réalité. Évitez de faire des suppositions sur les intentions ou les motivations des autres ; demandez des clarifications et cherchez à comprendre leur perspective. Faites toujours de votre mieux pour être réceptif et curieux, en acceptant que chaque interaction est une opportunité d'apprentissage et de croissance. En intégrant ces principes, vous pouvez enrichir vos connaissances et vos relations, et contribuer à créer un environnement plus harmonieux et inclusif.

Paranoïa

Définition :
La paranoïa est un état mental caractérisé par une méfiance excessive et irrationnelle envers les autres, souvent accompagné de la conviction que l'on est persécuté ou menacé. Cela peut entraîner des comportements de retrait, de suspicion et d'hostilité.

Conseil toltèque :
Selon les accords toltèques, vous devriez travailler à surmonter la paranoïa en étant impeccable avec vos mots, en évitant les discours qui alimentent la peur et la méfiance. Ne prenez rien personnellement ; les actions des autres ne sont généralement pas dirigées contre vous personnellement, mais sont le reflet de leurs propres luttes et insécurités. Évitez de faire des suppositions sur les intentions malveillantes des autres ; cherchez des preuves objectives et clarifiez les malentendus directement. Faites toujours de votre mieux pour pratiquer la confiance et la bienveillance, en vous entourant de personnes positives et en adoptant des pratiques qui favorisent la sérénité et la sécurité intérieure. En suivant ces principes, vous pouvez réduire les sentiments de paranoïa et vivre une vie plus paisible et confiante.

Passif-agressif (comportement)

Définition :
Le comportement passif-agressif est une forme indirecte d'expression de la colère ou du ressentiment. Cela se manifeste par des actions ou des paroles ambiguës, des retards intentionnels, de l'oubli ou de la procrastination, et par des comportements obstinés qui évitent la confrontation directe.

Conseil toltèque :
Selon les accords toltèques, vous devriez éviter le comportement passif-agressif en étant impeccable avec vos mots, en exprimant vos sentiments et vos besoins de manière honnête et directe. Ne prenez rien personnellement ; les actions des autres sont souvent le reflet de leurs propres frustrations et non une attaque contre vous. Évitez de

faire des suppositions sur les intentions des autres ; clarifiez vos doutes et communiquez ouvertement pour éviter les malentendus. Faites toujours de votre mieux pour résoudre les conflits de manière directe et constructive, en favorisant des interactions basées sur le respect mutuel et la compréhension. En intégrant ces principes, vous pouvez améliorer vos relations et créer un environnement plus ouvert et harmonieux.

Pensée positive

Définition :
La pensée positive est une attitude mentale qui consiste à se concentrer sur les aspects positifs de la vie et à anticiper des résultats favorables. Cela implique de maintenir une perspective optimiste, de cultiver des croyances encourageantes et de se concentrer sur les solutions plutôt que sur les problèmes.

Conseil toltèque :
Selon les accords toltèques, vous devriez nourrir la pensée positive en étant impeccable avec vos mots, en utilisant un langage encourageant et constructif envers vous-même et les autres. Ne prenez rien personnellement ; les défis et les obstacles ne sont pas des échecs personnels, mais des opportunités d'apprentissage et de croissance. Évitez de faire des suppositions négatives ; adoptez une perspective d'ouverture et de curiosité face à l'inconnu. Faites toujours de votre mieux pour maintenir une attitude positive, même dans les moments difficiles, en reconnaissant et en célébrant les petites réussites et les progrès quotidiens. En intégrant ces principes, vous pouvez renforcer votre pensée positive et créer une vie plus épanouissante et joyeuse.

Perversion narcissique

Définition :
La perversion narcissique est un trouble de la personnalité caractérisé par un comportement manipulateur, un manque d'empathie et une obsession de soi. Les individus souffrant de ce trouble cherchent souvent à dominer et à contrôler les autres pour renforcer leur propre

image de grandeur, utilisant des tactiques de manipulation émotionnelle et de dévalorisation.

Conseil toltèque :
Selon les accords toltèques, vous devriez vous protéger des comportements de perversion narcissique en étant impeccable avec vos mots, en définissant clairement vos limites et en communiquant vos besoins de manière honnête et respectueuse. Ne prenez rien personnellement ; les actions des pervers narcissiques sont des reflets de leurs propres insécurités et de leurs besoins de contrôle, et non de votre valeur personnelle. Évitez de faire des suppositions sur leurs intentions ou motivations ; concentrez-vous sur des faits concrets et sur votre propre bien-être. Faites toujours de votre mieux pour vous entourer de soutien, rechercher des relations saines et pratiquer l'auto-compassion. En adoptant ces principes, vous pouvez maintenir votre intégrité et votre équilibre émotionnel face aux comportements destructeurs et manipulateurs.

Perversité

Définition :
La perversité est un comportement délibérément déviant et malveillant, souvent caractérisé par le désir de causer du tort ou de la souffrance aux autres. Cela inclut des actions cruelles, immorales et destructrices.

Conseil toltèque :
Selon les accords toltèques, vous devriez éviter la perversité en étant impeccable avec vos mots et en cultivant des pensées et des actions bienveillantes. Ne prenez rien personnellement ; les comportements pervers des autres sont souvent le reflet de leurs propres douleurs et déséquilibres internes. Évitez de faire des suppositions sur les intentions des autres ; cherchez à comprendre les causes profondes de leurs actions et répondez avec compassion. Faites toujours de votre mieux pour agir avec intégrité et respect, en contribuant à un environnement de paix et de justice. En adoptant cette approche, vous pouvez réduire l'impact de la perversité dans votre vie et promouvoir des relations plus saines et harmonieuses.

Pessimisme

Définition :
Le pessimisme est une tendance à anticiper des résultats négatifs ou à voir les aspects défavorables d'une situation. Les personnes pessimistes ont souvent une vision sombre de l'avenir et s'attendent à des échecs ou des déceptions.

Conseil toltèque :
Selon les accords toltèques, vous devriez cultiver une perspective plus équilibrée en étant impeccable avec vos mots, en évitant de nourrir des discours internes négatifs et destructeurs. Ne prenez rien personnellement ; les difficultés que vous rencontrez ne sont pas des attaques contre vous, mais des opportunités d'apprentissage et de croissance. Évitez de faire des suppositions négatives sur l'avenir ; restez ouvert à la possibilité de résultats positifs et imprévus. Faites toujours de votre mieux pour maintenir une attitude constructive et proactive, en vous concentrant sur les actions que vous pouvez entreprendre pour améliorer votre situation. En intégrant ces principes, vous pouvez transformer le pessimisme en une force motrice pour le changement positif et l'épanouissement personnel.

Peur

Définition :
La peur est une émotion naturelle de survie qui se manifeste face à une menace perçue. Elle peut être déclenchée par des dangers réels ou imaginaires et se manifeste par des réactions physiques et psychologiques variées.

Conseil toltèque :
Selon les accords toltèques, vous devriez apprendre à reconnaître et à gérer vos peurs en étant impeccable avec vos mots, en exprimant vos craintes de manière honnête et sans jugement. Ne prenez rien personnellement ; les peurs que vous ressentez ne définissent pas votre valeur ou votre courage. Évitez de faire des suppositions sur les dangers futurs ; concentrez-vous sur le présent et sur les actions concrètes que vous pouvez entreprendre pour vous protéger et vous

rassurer. Faites toujours de votre mieux pour affronter vos peurs de manière progressive et avec compassion, en vous entourant de soutien et en pratiquant des techniques de relaxation et de méditation. En suivant ces principes, vous pouvez réduire l'impact de la peur dans votre vie et développer une résilience et une confiance accrues.

Pitié

Définition :
La pitié est un sentiment de compassion mêlé de tristesse ressenti envers quelqu'un en situation de détresse ou de souffrance. Elle implique une reconnaissance de la douleur de l'autre et un désir de soulager cette souffrance.

Conseil toltèque :
Selon les accords toltèques, vous devriez pratiquer la pitié avec une approche empreinte de respect et de dignité. Soyez impeccable avec vos mots en offrant votre soutien de manière constructive et encourageante. Ne prenez rien personnellement ; la souffrance des autres n'est pas un reflet de votre propre échec ou de votre responsabilité. Évitez de faire des suppositions sur les capacités des autres à surmonter leurs défis ; offrez votre aide sans diminuer leur autonomie ou leur dignité. Faites toujours de votre mieux pour être présent et empathique, en fournissant un soutien qui encourage la résilience et l'autonomisation. En adoptant ces principes, vous pouvez transformer la pitié en une force positive qui renforce les liens et favorise la guérison.

Pleine conscience

Définition :
La pleine conscience est la pratique consistant à porter une attention intentionnelle et non jugeante à l'expérience présente, que ce soit par la respiration, les sensations corporelles, les pensées ou les émotions. Elle implique d'être pleinement conscient de chaque moment, en l'acceptant tel qu'il est sans chercher à le modifier ou à le contrôler.

Selon les accords toltèques, vous devriez cultiver la pleine conscience en étant impeccable avec vos mots, en observant vos pensées et vos paroles avec clarté et sans jugement. Ne prenez rien personnellement ; les pensées et les émotions sont des expériences passagères qui ne définissent pas votre identité profonde. Évitez de faire des suppositions sur ce que chaque moment devrait être ; acceptez chaque expérience telle qu'elle est, avec ouverture et curiosité. Faites toujours de votre mieux pour intégrer la pleine conscience dans votre vie quotidienne, en prenant des moments réguliers pour respirer profondément, observer vos sensations corporelles et rester présent à vos actions et interactions. En adoptant ces principes, vous pouvez réduire le stress, améliorer votre bien-être émotionnel et développer une connexion plus profonde avec vous-même et le monde qui vous entoure.

Programmation neurolinguistique (PNL)

Définition :
La programmation neurolinguistique (PNL) est une approche de la communication, du développement personnel et de la psychothérapie. Elle se base sur l'idée que les processus neurologiques, le langage et les schémas de comportement appris par l'expérience peuvent être modifiés pour atteindre des objectifs spécifiques et améliorer la qualité de vie.

Conseil toltèque :
Selon les accords toltèques, vous devriez utiliser la PNL pour renforcer votre pouvoir personnel et transformer les croyances limitantes. Soyez impeccable avec vos mots en utilisant des affirmations positives et constructives pour reprogrammer votre esprit. Ne prenez rien personnellement ; les limitations que vous percevez en vous-même peuvent être des résultats de conditionnements passés et non des vérités absolues. Évitez de faire des suppositions sur vos capacités ; explorez vos potentiels avec curiosité et ouverture. Faites toujours de votre mieux pour intégrer les techniques de la PNL dans votre vie quotidienne, en pratiquant régulièrement et en observant les changements progressifs dans votre pensée et vos comportements.

En suivant ces principes, vous pouvez utiliser la PNL comme un outil puissant pour atteindre vos objectifs et vivre une vie plus épanouissante.

Projecteur (Effet de)

Définition :
L'effet de projecteur est un biais cognitif où une personne surestime l'attention que les autres portent à ses actions ou à son apparence. Cela conduit à une surestimation de l'importance de ses comportements ou de ses caractéristiques aux yeux des autres.

Conseil toltèque :
Selon les accords toltèques, vous devriez réduire l'effet de projecteur en étant impeccable avec vos mots, en vous rappelant que chacun vit dans son propre rêve et que les autres sont généralement plus préoccupés par leurs propres vies que par vos actions. Ne prenez rien personnellement ; les jugements ou les opinions des autres sont souvent des reflets de leurs propres insécurités et préoccupations. Évitez de faire des suppositions sur ce que les autres pensent de vous ; concentrez-vous sur votre propre chemin et vos valeurs personnelles. Faites toujours de votre mieux pour vivre de manière authentique et en accord avec vos principes, en vous libérant des attentes et des jugements extérieurs. En adoptant ces principes, vous pouvez réduire l'impact de l'effet de projecteur et vivre de manière plus libre et épanouie.

Proteus (Effet)

Définition :
L'effet Proteus est un phénomène psychologique où l'apparence et les caractéristiques d'un avatar ou d'une identité virtuelle influencent les comportements et attitudes de l'utilisateur dans le monde réel. Cette adaptation peut changer en fonction des différentes identités virtuelles adoptées par l'individu.

Conseil toltèque :
Selon les accords toltèques, vous devriez être conscient de l'influence des identités virtuelles sur votre comportement en étant impeccable avec vos mots, en choisissant des avatars et des identités qui reflètent vos valeurs et aspirations authentiques. Ne prenez rien personnellement ; les comportements adoptés en ligne ne définissent pas votre véritable essence. Évitez de faire des suppositions sur la façon dont les autres perçoivent vos identités virtuelles ; concentrez-vous sur l'authenticité et l'intégrité. Faites toujours de votre mieux pour aligner vos actions virtuelles avec votre véritable identité, en utilisant les identités virtuelles comme des outils pour explorer et exprimer différents aspects de vous-même. En suivant ces principes, vous pouvez transformer l'effet Proteus en une opportunité de croissance personnelle et de développement de la confiance en soi.

Proust (Madeleine de)

Définition :
La Madeleine de Proust fait référence à une réminiscence involontaire déclenchée par un stimulus sensoriel, souvent une odeur ou un goût, qui évoque des souvenirs vivaces du passé. Ce phénomène a été popularisé par l'écrivain Marcel Proust dans son œuvre "À la recherche du temps perdu".

Conseil toltèque :
Selon les accords toltèques, vous devriez embrasser les réminiscences involontaires en étant impeccable avec vos mots, en accueillant les souvenirs sans jugement ni regret. Ne prenez rien personnellement ; les souvenirs évoqués ne sont que des fragments du passé et ne définissent pas votre présent. Évitez de faire des suppositions sur la signification des souvenirs ; laissez-les simplement exister comme des témoignages de votre expérience vécue. Faites toujours de votre mieux pour utiliser ces moments de réminiscence comme des opportunités de réflexion et de gratitude, en reconnaissant la richesse de votre parcours et les leçons apprises. En adoptant cette approche, vous pouvez transformer la Madeleine de Proust en une source de sagesse et de compréhension de soi.

Psychologie des stades de vie

Définition :
La psychologie des stades de vie est une branche de la psychologie qui étudie les différentes phases de développement que traverse une personne tout au long de sa vie, de l'enfance à la vieillesse. Chaque stade est caractérisé par des défis et des opportunités spécifiques qui influencent le développement psychologique et émotionnel.

Conseil toltèque :
Selon les accords toltèques, vous devriez aborder chaque stade de la vie avec une attitude d'ouverture et de flexibilité, en étant impeccable avec vos mots, en reconnaissant et en acceptant les changements naturels de chaque phase. Ne prenez rien personnellement ; les défis et les transitions sont des aspects normaux du développement humain et ne définissent pas votre valeur ou votre réussite. Évitez de faire des suppositions sur ce que chaque stade devrait être ; acceptez chaque phase comme une opportunité unique de croissance et d'apprentissage. Faites toujours de votre mieux pour naviguer à travers les stades de la vie avec gratitude et curiosité, en embrassant les leçons et les expériences qui se présentent. En suivant ces principes, vous pouvez enrichir votre parcours de vie et cultiver un sentiment de paix et de satisfaction à chaque étape.

Psychologie positive

Définition :
La psychologie positive est une branche de la psychologie qui se concentre sur l'étude des forces humaines, des comportements positifs et des conditions qui permettent aux individus et aux communautés de s'épanouir. Elle vise à promouvoir le bien-être, la résilience et la satisfaction de vie en se concentrant sur ce qui rend la vie digne d'être vécue.

Conseil toltèque :
Selon les accords toltèques, vous devriez adopter une approche de la psychologie positive en étant impeccable avec vos mots, en exprimant des pensées et des affirmations positives qui renforcent votre bien-

être. Ne prenez rien personnellement ; les aspects négatifs de la vie ne définissent pas votre capacité à trouver et à créer du bonheur. Évitez de faire des suppositions sur les limites de votre potentiel ; explorez activement vos forces et vos passions. Faites toujours de votre mieux pour cultiver des habitudes et des attitudes positives, en vous entourant de soutien et en engageant des activités qui nourrissent votre esprit et votre cœur. En intégrant ces principes, vous pouvez vivre une vie plus épanouie et contribuer au bien-être des autres.

Pygmalion (Effet)

Définition :
L'effet Pygmalion est un phénomène psychologique où les attentes élevées placées sur une personne peuvent conduire à une amélioration de ses performances. Cela repose sur l'idée que croire en les capacités de quelqu'un peut influencer positivement son comportement et ses résultats.

Conseil toltèque :
Selon les accords toltèques, vous devriez utiliser l'effet Pygmalion de manière constructive en étant impeccable avec vos mots, en exprimant des attentes positives et encourageantes envers vous-même et les autres. Ne prenez rien personnellement ; les attentes des autres peuvent refléter leurs propres espoirs et perceptions, et non votre véritable potentiel. Évitez de faire des suppositions sur les capacités basées uniquement sur des résultats passés ; restez ouvert aux possibilités de croissance et d'amélioration. Faites toujours de votre mieux pour soutenir et inspirer les autres avec des croyances positives et motivantes, en créant un environnement où chacun peut s'épanouir. En adoptant cette approche, vous pouvez maximiser les bénéfices de l'effet Pygmalion et favoriser une culture de réussite et de soutien mutuel.

Questionnement

Définition :
Le questionnement est l'acte de poser des questions pour obtenir des informations, clarifier des doutes ou explorer de nouvelles idées. Cela

implique une attitude d'ouverture, de curiosité et de réflexion critique, visant à comprendre et à apprendre.

Conseil toltèque :
Selon les accords toltèques, vous devriez pratiquer le questionnement avec sincérité et clarté, en étant impeccable avec vos mots pour éviter les malentendus et les suppositions. Ne prenez rien personnellement ; les réponses ou les absences de réponses des autres ne sont pas des jugements sur vous. Évitez de faire des suppositions en posant directement les questions qui vous préoccupent. Faites toujours de votre mieux pour questionner de manière constructive et respectueuse, en cherchant à élargir votre compréhension et à favoriser une communication ouverte et honnête. Cette approche vous aidera à établir des relations plus transparentes et à résoudre les conflits potentiels de manière plus efficace.

Questions (se remettre en)

Définition :
Se remettre en question consiste à réévaluer ses croyances, ses actions et ses décisions de manière critique et introspective. Cela permet de reconnaître les erreurs, de s'améliorer et de s'adapter aux nouvelles informations ou situations.

Conseil toltèque :
Selon les accords toltèques, vous devriez vous remettre en question régulièrement pour aligner vos actions et vos croyances avec vos valeurs profondes. Soyez impeccable avec vos mots en admettant honnêtement vos erreurs et vos limites. Ne prenez rien personnellement ; se remettre en question est un signe de courage et de croissance, et non de faiblesse. Évitez de faire des suppositions sur vos capacités ; soyez ouvert à l'apprentissage continu et à l'amélioration. Faites toujours de votre mieux pour évoluer et vous adapter, en utilisant chaque remise en question comme une opportunité de développement personnel et de renforcement de votre intégrité.

Rebond (Effet)

Définition :
L'effet de rebond est un phénomène psychologique où une suppression temporaire d'un comportement ou d'une pensée entraîne une augmentation ultérieure de ce comportement ou de cette pensée. Cela se produit souvent après une tentative de contrôle ou de restriction.

Conseil toltèque :
Selon les accords toltèques, vous devriez gérer l'effet de rebond en étant conscient de vos pensées et comportements sans essayer de les réprimer de manière excessive. Soyez impeccable avec vos mots en reconnaissant vos sentiments et en les acceptant sans jugement. Ne prenez rien personnellement ; les défis liés au contrôle de soi sont des expériences communes et ne définissent pas votre valeur. Évitez de faire des suppositions sur votre capacité à changer ; adoptez une approche progressive et bienveillante envers vous-même. Faites toujours de votre mieux pour pratiquer l'auto-compassion et la patience, en permettant à vos changements de se développer de manière naturelle et durable.

Récence (Effet de)

Définition :
L'effet de récence est un biais cognitif où les informations les plus récentes reçues ou rappelées ont une influence disproportionnée sur notre perception ou notre jugement. Cela peut affecter la prise de décision et la mémoire.

Conseil toltèque :
Selon les accords toltèques, vous devriez être conscient de l'effet de récence en évaluant les informations de manière équilibrée et objective. Soyez impeccable avec vos mots en tenant compte de l'ensemble des données et des perspectives avant de tirer des conclusions. Ne prenez rien personnellement ; les biais cognitifs sont des mécanismes naturels de l'esprit humain. Évitez de faire des suppositions basées uniquement sur les informations les plus

récentes ; cherchez à intégrer des points de vue variés et des connaissances antérieures. Faites toujours de votre mieux pour rester ouvert et critique, en développant des habitudes de réflexion qui minimisent l'impact des biais cognitifs sur vos décisions.

Relation conflictuelle

Définition :
Une relation conflictuelle est une interaction entre individus caractérisée par des désaccords fréquents, des tensions et des disputes. Ces relations sont souvent marquées par un manque de communication efficace, de compréhension mutuelle et de respect.

Conseil toltèque :
Selon les accords toltèques, vous devriez aborder les relations conflictuelles en étant impeccable avec vos mots, en communiquant de manière claire et respectueuse pour éviter les malentendus. Ne prenez rien personnellement ; les conflits sont souvent le reflet des peurs et des insécurités de chacun. Évitez de faire des suppositions sur les intentions de l'autre ; posez des questions pour clarifier les points de désaccord et rechercher des solutions communes. Faites toujours de votre mieux pour écouter activement et répondre avec empathie, en cherchant à transformer les conflits en opportunités de compréhension et de rapprochement. Cette approche peut améliorer la qualité de vos relations et réduire les tensions.

Relation fusionnelle

Définition :
Une relation fusionnelle est une interaction où deux individus sont extrêmement proches, au point de partager leurs pensées, émotions et comportements de manière intense et presque indissociable. Cela peut créer une dépendance émotionnelle et une perte d'identité personnelle.

Conseil toltèque :
Selon les accords toltèques, vous devriez préserver votre individualité tout en cultivant des relations proches. Soyez impeccable avec vos mots, en communiquant vos besoins et limites de manière honnête et respectueuse. Ne prenez rien personnellement ; l'intensité des

émotions dans une relation fusionnelle peut souvent être un reflet des insécurités et besoins profonds des deux parties. Évitez de faire des suppositions sur les attentes de l'autre ; discutez ouvertement de vos sentiments et de vos besoins. Faites toujours de votre mieux pour maintenir un équilibre entre l'intimité et l'indépendance, en encourageant l'autonomie et la croissance personnelle de chacun. En intégrant ces principes, vous pouvez transformer une relation fusionnelle en une connexion saine et épanouissante.

Relation pansement

Définition :
Une relation pansement est une relation initiée pour se remettre d'une précédente, souvent dans le but de combler un vide émotionnel et de soigner les blessures du passé. Ce type de relation peut offrir un réconfort temporaire mais manque généralement de profondeur et de fondements solides.

Conseil toltèque :
Selon les accords toltèques, vous devriez aborder les relations pansement avec une conscience claire de vos intentions et de vos besoins. Soyez impeccable avec vos mots en étant honnête sur vos motivations et vos attentes. Ne prenez rien personnellement ; utiliser une relation pour guérir n'est pas un signe de faiblesse, mais un besoin humain compréhensible. Évitez de faire des suppositions sur la durabilité de la relation ; concentrez-vous sur le moment présent et sur la guérison personnelle. Faites toujours de votre mieux pour soigner vos blessures émotionnelles de manière saine, en recherchant également des moyens de développer votre résilience et votre indépendance émotionnelle. En adoptant cette approche, vous pouvez utiliser les relations pansement comme une étape positive vers la guérison et la croissance personnelle.

Résilience

Définition :
La résilience est la capacité de se remettre rapidement des difficultés, des échecs ou des traumatismes. Elle implique une force intérieure et

une adaptabilité qui permettent de surmonter les obstacles et de rebondir face à l'adversité.

Conseil toltèque :
Selon les accords toltèques, vous devriez cultiver la résilience en intégrant les principes de l'impeccabilité avec vos mots, en adoptant des pensées et des discours internes positifs et encourageants. Ne prenez rien personnellement ; les épreuves que vous rencontrez ne définissent pas votre valeur. Évitez de faire des suppositions sur vos limites ; explorez vos capacités avec curiosité et ouverture. Faites toujours de votre mieux pour transformer les défis en opportunités d'apprentissage et de croissance, en vous entourant de soutien et en pratiquant la gratitude pour les forces et les ressources dont vous disposez. En suivant ces principes, vous pouvez renforcer votre résilience et vivre une vie plus épanouie et harmonieuse.

Ressentiment

Définition :
Le ressentiment est un sentiment de colère ou d'amertume persistant envers quelqu'un à cause de blessures perçues ou réelles. Cela peut résulter d'un sentiment d'injustice ou de trahison, et nuit souvent aux relations et au bien-être personnel.

Conseil toltèque :
Selon les accords toltèques, vous devriez libérer le ressentiment en étant impeccable avec vos mots, en exprimant vos sentiments de manière honnête et respectueuse. Ne prenez rien personnellement ; le ressentiment est souvent un poids émotionnel inutile qui affecte principalement celui qui le porte. Évitez de faire des suppositions sur les intentions des autres ; cherchez à comprendre et à clarifier les situations qui ont conduit au ressentiment. Faites toujours de votre mieux pour pratiquer le pardon, non pas pour absoudre les actions des autres, mais pour vous libérer de la douleur émotionnelle. En adoptant cette perspective, vous pouvez guérir vos blessures émotionnelles et améliorer la qualité de vos relations et de votre vie.

Sagesse

Définition :
La sagesse est la capacité de faire des jugements et des décisions justes et éclairées, basées sur l'expérience, la connaissance et une compréhension profonde de la vie. Elle implique également une perspective équilibrée et une reconnaissance des nuances et complexités des situations.

Conseil toltèque :
Selon les accords toltèques, vous devriez cultiver la sagesse en étant impeccable avec vos mots, en recherchant et en partageant des vérités qui enrichissent et élèvent. Ne prenez rien personnellement ; la sagesse implique de reconnaître que chaque personne a son propre chemin et ses propres leçons à apprendre. Évitez de faire des suppositions ; cherchez à comprendre la profondeur et les multiples facettes de chaque situation avant de tirer des conclusions. Faites toujours de votre mieux pour apprendre continuellement, en restant humble et ouvert aux nouvelles connaissances et perspectives. En intégrant ces principes, vous pouvez développer une sagesse qui non seulement vous guide dans votre propre vie, mais qui inspire également ceux qui vous entourent.

Santé mentale

Définition :
La santé mentale est un état de bien-être dans lequel une personne peut réaliser son potentiel, faire face aux stress normaux de la vie, travailler de manière productive et contribuer à sa communauté. Elle inclut des aspects émotionnels, psychologiques et sociaux, influençant la façon dont une personne pense, ressent et agit.

Conseil toltèque :
Selon les accords toltèques, vous devriez préserver et améliorer votre santé mentale en étant impeccable avec vos mots, en cultivant des pensées et des discours positifs et bienveillants envers vous-même et les autres. Ne prenez rien personnellement ; les critiques ou les jugements des autres ne définissent pas votre valeur. Évitez de faire

des suppositions sur votre état mental ; soyez ouvert à l'auto-réflexion et à la recherche de soutien lorsque nécessaire. Faites toujours de votre mieux pour maintenir un équilibre entre le travail, les relations et les activités de loisirs, en intégrant des pratiques de relaxation et de méditation pour gérer le stress. En suivant ces principes, vous pouvez favoriser une santé mentale robuste et résiliente.

Sérénité

Définition :
La sérénité est un état de calme et de tranquillité intérieure, marqué par l'absence de perturbations mentales et émotionnelles. Elle implique une paix profonde et une stabilité face aux défis et aux stress de la vie.

Conseil toltèque :
Selon les accords toltèques, vous devriez cultiver la sérénité en étant impeccable avec vos mots, en exprimant des pensées pacifiques et en évitant les conflits inutiles. Ne prenez rien personnellement ; les événements extérieurs et les actions des autres ne doivent pas perturber votre paix intérieure. Évitez de faire des suppositions sur les intentions des autres ; concentrez-vous sur vos propres réponses et attitudes. Faites toujours de votre mieux pour pratiquer des activités qui nourrissent votre esprit, comme la méditation, la nature ou des passe-temps apaisants. En intégrant ces principes, vous pouvez développer un état de sérénité durable, peu importe les circonstances extérieures.

Solitude

Définition :
La solitude est l'état d'être seul, souvent volontairement, pour se ressourcer, réfléchir ou simplement apprécier sa propre compagnie. Elle peut être bénéfique pour la santé mentale et émotionnelle lorsqu'elle est choisie et équilibrée.
Conseil toltèque :
Selon les accords toltèques, vous devriez embrasser la solitude de manière constructive en étant impeccable avec vos mots, en utilisant

ce temps pour des réflexions positives et enrichissantes. Ne prenez rien personnellement ; la solitude n'est pas un signe de rejet, mais une opportunité de croissance personnelle. Évitez de faire des suppositions sur le besoin constant de la compagnie des autres ; reconnaissez la valeur du temps passé seul pour mieux comprendre vos propres pensées et sentiments. Faites toujours de votre mieux pour équilibrer la solitude avec des interactions sociales significatives, en vous entourant de relations qui vous nourrissent et vous soutiennent. En adoptant cette perspective, vous pouvez transformer la solitude en une expérience de découverte et de renforcement de soi.

Soulagement

Définition :
Le soulagement est le sentiment de libération et de confort ressenti lorsque la source de stress, de douleur ou de pression disparaît ou diminue. Il s'accompagne souvent d'un apaisement physique et émotionnel.

Conseil toltèque :
Selon les accords toltèques, vous devriez chercher activement des moyens de trouver du soulagement en étant impeccable avec vos mots, en exprimant clairement vos besoins et en demandant de l'aide lorsque nécessaire. Ne prenez rien personnellement ; les sources de stress ou de douleur ne sont pas des reflets de votre valeur personnelle. Évitez de faire des suppositions sur la permanence de vos difficultés ; restez ouvert aux solutions et aux changements positifs. Faites toujours de votre mieux pour pratiquer des techniques de gestion du stress comme la respiration profonde, la méditation ou l'exercice physique. En suivant ces principes, vous pouvez trouver un soulagement plus rapide et plus efficace face aux défis de la vie.

Spleen

Définition :
Le spleen est un sentiment de mélancolie profonde, souvent sans cause apparente, marqué par une tristesse diffuse et un ennui

existentiel. C'est une humeur introspective et contemplative qui peut être associée à une perception de la vanité des choses.

Conseil toltèque :
Selon les accords toltèques, vous devriez aborder le spleen avec douceur et acceptation en étant impeccable avec vos mots, en exprimant vos sentiments de manière honnête et non critique. Ne prenez rien personnellement ; le spleen est une émotion universelle qui ne diminue pas votre valeur ou votre joie de vivre potentielle. Évitez de faire des suppositions sur la durée ou l'intensité de cette mélancolie ; acceptez-la comme une phase transitoire. Faites toujours de votre mieux pour trouver des activités qui apportent du réconfort et de la joie, comme la lecture, la musique ou la nature. En adoptant cette perspective, vous pouvez traverser le spleen avec résilience et en ressortir avec une compréhension plus profonde de vous-même et du monde qui vous entoure.

Surinterprétation

Définition :
La surinterprétation est le fait d'attribuer un sens ou une signification excessive à des événements, des paroles ou des comportements, souvent en allant au-delà de ce qui est raisonnable ou justifié. Cela peut conduire à des malentendus et à des réactions disproportionnées.

Conseil toltèque :
Selon les accords toltèques, vous devriez éviter la surinterprétation en étant impeccable avec vos mots, en recherchant la clarté et la simplicité dans vos communications. Ne prenez rien personnellement ; les actions et les paroles des autres sont souvent plus simples qu'elles ne le paraissent. Évitez de faire des suppositions ; posez des questions directes pour clarifier les intentions et les significations. Faites toujours de votre mieux pour rester objectif et ne pas laisser vos émotions ou vos préjugés influencer votre compréhension des situations. En adoptant cette approche, vous pouvez réduire les malentendus et vivre de manière plus paisible et équilibrée.

Syndrome du sauveur

Définition :
Le syndrome du sauveur est un comportement où une personne ressent un besoin compulsif de sauver ou d'aider les autres, souvent au détriment de ses propres besoins et bien-être. Cela peut mener à des relations déséquilibrées et à un sentiment de frustration lorsque les efforts ne sont pas reconnus ou appréciés.

Conseil toltèque :
Selon les accords toltèques, vous devriez reconnaître vos propres limites et besoins en étant impeccable avec vos mots, en communiquant vos capacités et vos limites de manière claire et respectueuse. Ne prenez rien personnellement ; vous n'êtes pas responsable des choix et des actions des autres. Évitez de faire des suppositions sur votre capacité à résoudre les problèmes des autres ; chacun doit suivre son propre chemin. Faites toujours de votre mieux pour offrir de l'aide de manière équilibrée et bienveillante, en vous assurant que vos actions viennent d'un lieu de générosité authentique et non d'un besoin de validation personnelle. En intégrant ces principes, vous pouvez cultiver des relations plus saines et éviter l'épuisement émotionnel.

Témoin (Effet du)

Définition :
L'effet du témoin est un phénomène psychologique où la présence d'autres personnes dissuade un individu d'intervenir dans une situation d'urgence. Plus il y a de témoins, moins les gens sont susceptibles de prendre des mesures, en supposant que quelqu'un d'autre le fera.

Conseil toltèque :
Selon les accords toltèques, vous devriez surmonter l'effet du témoin en étant impeccable avec vos mots et vos actions, en prenant la responsabilité de vos choix et en agissant conformément à vos valeurs. Ne prenez rien personnellement ; l'inaction des autres ne doit pas influencer votre décision d'intervenir. Évitez de faire des

suppositions sur ce que les autres feront ; si vous voyez une situation nécessitant une intervention, prenez l'initiative. Faites toujours de votre mieux pour agir de manière courageuse et compatissante, en étant un exemple de responsabilité et de bienveillance. En suivant ces principes, vous pouvez contribuer à créer un environnement où chacun se sent responsable et prêt à aider les autres en cas de besoin.

Ténacité

Définition :
La ténacité est la qualité de persévérer avec détermination et résilience face aux défis et aux obstacles. Elle implique une force intérieure et une volonté de continuer malgré les difficultés et les revers.

Conseil toltèque :
Selon les accords toltèques, vous devriez cultiver la ténacité en étant impeccable avec vos mots, en maintenant des pensées positives et en vous encourageant à persévérer. Ne prenez rien personnellement ; les échecs et les défis sont des opportunités d'apprentissage et de croissance. Évitez de faire des suppositions sur vos limites ; explorez votre potentiel avec ouverture et détermination. Faites toujours de votre mieux pour avancer vers vos objectifs, en restant flexible et en adaptant vos stratégies au besoin. En intégrant ces principes, vous pouvez renforcer votre ténacité et atteindre vos aspirations avec résilience et courage.

Toxique (Comportement)

Définition :
Un comportement toxique est une attitude ou une action qui cause du mal ou du stress aux autres. Cela peut inclure la manipulation, le contrôle, les critiques constantes, le manque de respect et l'abus émotionnel ou physique.

Conseil toltèque :
Selon les accords toltèques, vous devriez éviter les comportements toxiques en étant impeccable avec vos mots, en traitant les autres

avec respect et bienveillance. Ne prenez rien personnellement ; les comportements toxiques des autres sont souvent le reflet de leurs propres douleurs et insécurités. Évitez de faire des suppositions sur les motivations des autres ; cherchez à comprendre et à communiquer clairement pour éviter les malentendus. Faites toujours de votre mieux pour cultiver des relations saines et positives, en pratiquant l'empathie et en établissant des limites claires pour protéger votre bien-être. En suivant ces principes, vous pouvez créer un environnement plus sain et harmonieux pour vous-même et ceux qui vous entourent.

Transitivisme

Définition :
Le transitivisme désigne la tendance à transférer des émotions, des attitudes ou des comportements d'une situation ou d'une personne à une autre. Cela peut se produire inconsciemment, influençant la manière dont une personne réagit à des situations nouvelles en fonction de ses expériences passées.

Conseil toltèque :
Selon les accords toltèques, vous devriez être conscient du transitivisme en étant impeccable avec vos mots, en reconnaissant vos propres transferts émotionnels et en travaillant à les comprendre. Ne prenez rien personnellement ; les réactions des autres sont souvent des reflets de leurs propres expériences et ne vous concernent pas directement. Évitez de faire des suppositions sur la raison de vos réactions ; explorez vos sentiments et cherchez à comprendre les influences passées. Faites toujours de votre mieux pour rester présent et réagir aux situations actuelles avec une conscience claire et une perspective équilibrée. En intégrant ces principes, vous pouvez réduire les effets négatifs du transitivisme et vivre de manière plus authentique et consciente.

Tsunami émotionnel

Définition :

Un tsunami émotionnel est une réaction intense et soudaine de forte émotion, souvent déclenchée par un événement perturbateur. Cela peut submerger une personne, rendant difficile la gestion de ses émotions et la prise de décisions rationnelles.

Conseil toltèque :
Selon les accords toltèques, vous devriez apprendre à gérer les tsunamis émotionnels en étant impeccable avec vos mots, en reconnaissant et en acceptant vos émotions sans jugement. Ne prenez rien personnellement ; les émotions intenses sont des réactions naturelles et ne diminuent pas votre valeur. Évitez de faire des suppositions sur la cause de votre réaction ; prenez le temps de comprendre vos déclencheurs émotionnels. Faites toujours de votre mieux pour pratiquer des techniques de gestion du stress, comme la respiration profonde, la méditation ou l'exercice physique, afin de retrouver votre calme et votre équilibre. En suivant ces principes, vous pouvez naviguer à travers les tsunamis émotionnels avec plus de résilience et de sérénité.

Volontarisme

Définition :
Le volontarisme est une philosophie ou une attitude qui valorise la volonté humaine comme force principale de la motivation et du changement. Il met l'accent sur la détermination et la capacité des individus à influencer leur propre destin par leurs choix, leurs actions et leur volonté, indépendamment des circonstances externes.

Conseil toltèque :
Selon les accords toltèques, vous devriez pratiquer le volontarisme en étant impeccable avec vos mots, en formulant des intentions claires et positives pour orienter vos actions. Ne prenez rien personnellement ; les obstacles et les critiques extérieurs ne doivent pas ébranler votre détermination ou votre vision. Évitez de faire des suppositions sur les limitations imposées par votre environnement ; concentrez-vous sur ce que vous pouvez contrôler et influencer directement. Faites toujours de votre mieux pour mobiliser votre volonté et votre détermination pour surmonter les défis, en restant flexible et

adaptable face aux changements. En intégrant ces principes, vous pouvez renforcer votre pouvoir personnel, atteindre vos objectifs et vivre une vie en accord avec vos aspirations profondes.

Vulnérabilité

Définition :
La vulnérabilité est l'état d'être ouvert et exposé aux blessures, aux critiques ou aux attaques émotionnelles. C'est aussi la capacité de montrer ses émotions et ses faiblesses, ce qui peut favoriser des relations authentiques et profondes.

Conseil toltèque :
Selon les accords toltèques, vous devriez embrasser la vulnérabilité en étant impeccable avec vos mots, en partageant vos sentiments et vos expériences avec honnêteté et courage. Ne prenez rien personnellement ; montrer votre vulnérabilité n'est pas un signe de faiblesse, mais de force et d'authenticité. Évitez de faire des suppositions sur les réactions des autres ; concentrez-vous sur votre propre vérité et sur l'importance de l'authenticité. Faites toujours de votre mieux pour créer des espaces sûrs où vous et les autres pouvez être vulnérables sans crainte de jugement. En adoptant cette approche, vous pouvez renforcer vos relations et vous connecter de manière plus profonde et significative avec ceux qui vous entourent.

Zeigarnik (Effet)

Définition :
L'effet Zeigarnik est un phénomène psychologique selon lequel les tâches inachevées ou interrompues sont mieux mémorisées que les tâches terminées. Cela crée une tension cognitive qui pousse à vouloir compléter ce qui est commencé.

Conseil toltèque :
Selon les accords toltèques, vous devriez utiliser l'effet Zeigarnik à votre avantage en étant impeccable avec vos mots, en reconnaissant et en planifiant les tâches de manière claire et structurée. Ne prenez rien personnellement ; le sentiment d'inachèvement est un

mécanisme naturel de l'esprit pour vous motiver. Évitez de faire des suppositions sur votre capacité à terminer les tâches ; soyez réaliste et établissez des étapes claires pour atteindre vos objectifs. Faites toujours de votre mieux pour compléter ce que vous commencez, en vous donnant des pauses et en récompensant vos progrès pour maintenir la motivation. En suivant ces principes, vous pouvez utiliser l'effet Zeigarnik pour améliorer votre productivité et votre satisfaction personnelle.

Zenitude

Définition :
La zenitude est un état de calme profond et de sérénité intérieure, souvent associé à une pratique de pleine conscience et de méditation. C'est la capacité de rester détendu et centré, même face aux défis et aux perturbations de la vie.

Conseil toltèque :
Selon les accords toltèques, vous devriez cultiver la zenitude en étant impeccable avec vos mots, en adoptant un langage et des pensées apaisantes et positives. Ne prenez rien personnellement ; les turbulences extérieures ne doivent pas perturber votre paix intérieure. Évitez de faire des suppositions sur les situations stressantes ; concentrez-vous sur le moment présent et sur vos capacités à y faire face. Faites toujours de votre mieux pour pratiquer des techniques de relaxation et de méditation régulièrement, en vous entourant d'un environnement qui favorise la tranquillité et l'équilibre. En intégrant ces principes, vous pouvez développer une zenitude durable et vivre avec plus de paix et de joie.